南懷瑾文化

南懷瑾◎講述

南懷瑾與彼得・聖吉

關於禪、生命和認知的對話

出版說明

《遠見雜誌》二〇〇六年六月號，有一篇對趨勢科技董事長張明正的訪問，在介紹中說：

「美國管理學大師彼得・聖吉，在一九九〇年出版《第五項修練》一書後，十多年來在世界各地引起廣大而深遠的影響，帶動了許多企業競相推動學習組織。」

「這幾年來，彼得・聖吉開始接觸中國的儒釋道思想，並且多次到香港拜訪國學大師南懷瑾。今年再提出新的管理思潮《修練的軌跡》，將管理再推向一個新的境界。」

張明正先生在接受訪問時說：「我曾當面問彼得・聖吉，為什麼學理工出身，後來成為組織學與管理學大師的他，會去拜禪學大師南懷瑾為師，又對中國的儒釋道備加推崇？」

聖吉博士在新書中說：「在我們尋求如何為這個領域開拓新知時，有幸遇到中華文化界修為涵養極高的大師們，並承蒙他們指點。與南懷瑾大師的會談尤其關鍵。他幫助我們明白，我們探索領域的共同基礎。我們真心感謝能有這個機會，與中華文化世界的廣大讀者分享我們這趟旅程的一些見解。我們也期待能有更深度的跨文化對談，繼續與你們共同學習。」（《修練的軌跡》第一頁）

中山大學楊碩英教授說：「《修練的軌跡》中涉獵了不少中國儒釋道的修練，其中有些背景資訊順便一提。聖吉讀史丹佛大學時就開始修習鈴木大拙的禪宗。我一九九一年寄了一些南懷瑾先生佛道兩家著作的英譯本給聖吉，他非常用功，在世界各地演講時均隨身攜帶閱讀。一九九五年我帶他至香港見南先生，此後聖吉就依南先生的指點下苦功，每天早晚各打坐一小時，終年不斷，……並遵照南先生的指點，開始非常認真地研讀《管子》及《大學》。」（同前書第九頁）

在聖吉博士一九九五年初次拜訪南師後，《遠見雜誌》即於當年七月號，發表一篇〈當彼得．聖吉遇到南懷瑾〉一文，此後各方多所好奇，並關心後續的發展。

兩年後（一九九七）的六月，聖吉博士一行五人到香港，參加南師主持的禪七。據楊教授說：「他們返美後五人每月聚會……溫習禪七所學，非常精進。近年來聖吉向南先生請益的次數就更頻繁了。」

聖吉博士平時與南師的問答，皆由彭嘉恆翻譯聯繫。二〇〇三年起，一連三年，聖吉博士一行，每次以三日的時間，前往拜會南師，繼續他的參訪學習。

二〇〇四年聖吉等人的新著《Presence：An Exploration of Profound Change in People Organization and Society》在美國出版，中譯名稱《修練的軌跡》，於二〇〇六年六月在台灣出版。中譯本第十四頁說：這本書「卻有如禪宗師父的一棒，告訴你：打開你的心智模式吧，沒有答案。……學習大師不怕承認他仍在探索、在學習，他謙虛為懷地說：我們所知有限，我們所學到的一切，仍有永恆的奧祕蘊藏其中。」

聖吉在這本新書中說：「南大師的種種成就，似乎不可能同時出現在一個人身上，美國國務院駐中國的一名高階官員曾告訴過我，按照傳統，中國皇帝的顧問必須是集一切文化傳統於一身的大師級人物。這位官員說：『南先生可能是符合這種傳統的最後一人。』」（二四〇頁）

聖吉博士一行，十年來鍥而不捨地研習中華文化，就像他的恩師佛睿斯特一樣，「總是獻身於探索最重要的問題……」。聖吉的著作，曾被《紐約時報》評為十年中最具影響力者。由種種跡象顯示，聖吉是站在時代的前端，他的努力似乎引導著西方文化的行進。在他們這本新書中，更突顯出東西文化匯流的趨勢。這對人類文化而言，頗具積極意義，也是可喜的現象。

至於有人曾問聖吉參學禪宗南大師一事，足以說明他對中華文化的領悟超過了一般學者。禪宗雖源自印度，但這顆種子飛到中國後，在儒道老莊及諸子百家的沃土上才能茁壯，開花，結果，形成另一支中華文化，已為世所公認。各方涉入雖或深或淺，但千餘年來對文化各層面的巨大影響，堪稱無言可喻。深入研究，禪更關聯時代熱門的生命科學，由此可知，聖吉等的文化智慧非比尋常。

為了使廣大讀者了解之故，本公司將三次訪談真實記錄，整理出版了這本書，其中〇三年的參晤，係由石宏先生整理完成，並譯成英文寄交聖吉博士。

其餘〇四年及〇五年兩次的記錄及整理，參加工作的人很多，如官大治錄音，劉煜瑞、趙雲生實況筆錄，檢對許衡山，初步校錄整理馬宏達，電腦校正宏忍師，資料查對張振熔等，現趁此出版之際，特別向他們致謝，並向三次擔任口譯工作的彭嘉恆先生，一併表達謝忱。

又書中的內容提要，為編者所加。

劉雨虹　記

二〇〇六年七月廟港

目錄

第三章

聖吉：好一個簡單的問題！好，我給一個簡單的回答，我想為人類作出貢獻。

南師：好，這是你現在這一次的答案，你自己記住。你每天打坐幾次？

聖吉：早晚各一次。

南師：每次多久呢？

聖吉：早上一坐約四十五分鐘到七十五分鐘，晚上約半小時。我早上也作氣功，所以一共要用上兩小時。

南師：針對你的目的，我們談一些修持的方法。你作了精神會好，心理也會寧靜很多。

上次你來這裡的七天當中，我們有沒有提過生與死的問題？人怎麼生出來的，死時又是什麼情形？

聖吉：有的。

南師：現在我們只講生的一面。生命都有兩個層面，一個是知覺的，像是意識、思想、情緒；另一個是感覺的，例如疲勞想睡、肚子餓要吃等。

知覺用現代話說是心理的，感覺是生理的；西方說知覺是理性的，感覺是感性。西方認為理性是唯心的，這不同於我們講的唯心，他們認為感性是唯物的。

當你打坐時，你的思想在轉動，有時多一點有時少一點，你清楚嗎？

聖吉：很清楚。

南師：這個思想，縮小到唯識的說法，是屬於第六意識的分別意識。你還記得，我說過第六意識不屬於身體，也不屬於腦，不在內，也不在外，無所在，又無所不在。密宗和西方觀念認為第六意識是在腦，這是錯誤的，因為腦僅僅是身識的一部分。

我常聽人說打坐坐不久，坐久了不是這裡不舒服就是那裡痛。如果有人用槍指住你的頭，你敢動一下就開槍，你還敢下座嗎？這時第六意識都知道，可是身識就不影響你了。

聖吉：是的，我有時打坐時腿部抽筋，非常痛，但是還會忍住不動。如果是在睡夢中抽筋，我一定會本能地放開腿去按摩它。

南師：不錯。所以打坐坐不住了，到底是身子坐不住還是心坐不住？自己檢查看看，大部分都是第六意識要你下座的。第六意識晝夜都在不停的流動，連睡眠時也不停，仍在作夢。不過也會有短暫的停止，不作夢了，好像真睡著了，其實那個還是第六意識的境界，是第六意識呈現的昏沉境界，我們叫它睡眠。你打坐時有過第六意識被截斷的經驗嗎？

聖吉：有時候有，但是不常。

南師：可惜那一下你把握不住，否則今天的你就不同了。不只是你，所有的人都不行。這一剎那不是只有在打坐時來到，行住坐臥，任何姿勢都有可能發生這個第六意識之流被切斷的情形。這像是把像流水一樣的知性從中截斷，是很不容易發生的。下次碰上了千萬不要錯過，就定在那上面，越久越好。

聖吉：我是碰過幾次的，其中一次是我在一個冰凍的湖邊上，它突然來了，我的念頭完全停下來，當時沒有任何感覺或知覺。在打坐時，也發生過幾次。

南師：好。鈴木大拙講了很多這種境界，但不要搞錯，這完全不是開悟。這僅僅是個提供開悟的機會，也不要認為是開悟之門。歷史上很多祖師，就是在這意識之流突然被完全截斷的時候，爆發出開悟的。

這個境界在一般人大喜、大怒、大哀、大樂的時候，也可能會產生。你能在它來臨時認得它，多保持在這個境界，遲早可以開悟的。

在中國宋朝的時候，有位官作得很大的文人，他去請教一位禪師，問佛經上說一陣黑風把你吹到羅剎國土，是什麼意思。哪曉得這位一向待他很好的師父，居然把臉一變，把他羞辱痛罵一頓。這位官員素來對師父恭敬，不料被這麼一罵，氣得不得了，正待發作，此時師父又收起忿怒之相，對他說，喂，這就是一陣黑風把你吹到羅剎國土了。這文人慚愧之極，當下稱謝。

這個境界甚至在打仗殺敵之際都會呈現的。不但如此，我年輕時人家問我，什麼工夫才能開悟？我告訴他們，很簡單，開悟的前奏境界就像是你大便憋急了，在大街上來回找廁所找不到，正急得不得了，忽然找到，褲子一脫，咚，哇！那差不多是了。

另有一個禪宗故事，有個居士在外參禪三十年不開悟，灰心了，算了，還是回家吧。他回家當晚就與妻子行房，正當緊要之際，他忽然一躍而起，大呼我悟了！把太太都嚇昏了。我可不是鼓勵你們天天去找另一半練習這個！

禪宗祖師說過「截斷眾流，頓然而悟」，那個時候才有頓悟的可能。截斷眾流是定的境界，頓然而悟是慧的境界，這叫定慧等持。一切眾生隨時都有截斷眾流的情況，只是認不得。當年我在四川從山上下來，看見一頭牛，農夫把牠背上的重負卸下來，這牛已累到極點，就頓在那兒，一動也不動。我就上前拍拍牠，對牛說，老兄，你怎麼不悟呢？可惜牛不懂。

在中國的《高僧傳》中提到過有兩位同參的師兄弟，程度都很高了，其中一人明白前生來世事，自己也知道將要死了，死後會投胎作牛還債，就告訴他師兄，請到時提醒一聲。這僧人隨後就死了，師兄也依僧制將他火化。十八年之後，這師兄有位徒弟要下山去南方，師兄就吩咐徒弟在某日某時某地，你會見到一頭牛，你上前對牠呼喚我師弟的法名，並且幫我對牠讀一封信。徒弟依照指示，屆時果然在師父講的地方碰到一頭牛，就上前連呼名字，並且拿出信來讀：「可以解脫了！」那牛聽了，站著就死了，就解脫了。

你靜坐要找好的境界，當你一上座剛把腿盤起來那一剎那，就是最好的。當你把腿盤好了，心裡想著要打坐修行，妄念就來了。

這一大段是講關於知覺，理性的部分。現在來講感覺部分，生理的。我們採用佛家的說法，這個身體有五大：地、水、火、風、空，這你已經知道了。你知道中國正好發射了載人衛星去太空嗎？

聖吉：知道。

南師：我們就用這個講。這個地球的土地是地，大地是浮在水上面，是有溫度的。溫度高的叫熱，低的叫冷。最冷到零下幾百度，但還是有個溫度的，是相對的。地、水、火外面包著一層是氣。氣不是風，氣動了叫風。火箭上升時，衝到大氣層時會發高熱，因為與氣摩擦的關係。氣的外面是空，這空還是東西，是物理的空，不是佛家講的空。

我們的人體也是一樣，五臟六腑骨骼這些都是地，是浮在水上，人體的百分之七十也是水，也有溫度。包含這些東西的是氣體，這氣體是寧靜的，還是物質，動了就是風。它是無色有質的，也就是眼睛看不見的。虛空也是如此，無色有質。人體向兩側張開雙臂所形成的一圈空間就是虛空，這個裡頭有光的，現代科學可以照相出來。這就是地水火風空五大。

聖吉：您所說的，罩在身體外面的光環（Aura），與五大是什麼關係？

南師：地、水、火、風每一樣都自己會放光的。所以修白骨觀到最後要你觀想白骨流光，其實白骨自己會發光的。

五大當中最重要的是風大，風大不是呼吸，但是到我們生下來成了後天的呼吸作用。人為什麼要呼吸？照科學的道理，吸進來是氧氣，吐出來成了二氧化碳。碳氣在身體內不對了，自然要吐出來的。樹木也呼吸的，不過白天吐出來是氧氣，到晚上也吐出二氧化碳。所以晚上不要去樹林走，不要以為那兒空氣新鮮。

聖吉：容我打個岔，空氣中的氧和二氧化碳是否仍舊算是地大？我的意思是，因為氧的流動形成了風，可是氧本身是地大。

南師：氧是風大，可是要知道，這個身體裡面完全沒有碳也是不行的。所有的草木、動物、礦物，乃至一個細胞，都有膨脹收縮，也就是這個呼吸的作用。如果把呼吸停掉就進入那個空大，物理空的境界，空大的壓力是非常大的。

聖吉：您說的停止呼吸是停止心肺的口鼻呼吸，還是停止整個身體的呼吸？

南師：這個我們等一下再談。

胎兒在母親子宮中不是用鼻子呼吸，完全靠臍帶。生下來把臍帶一剪，嘴裡面的髒東西掏乾淨（順便一提，這髒東西都是胎毒，如果挖不乾淨日後會引起各種疾病），嬰兒哇的一聲，先把生命中的氣吐出來，鼻子才吸入第一口氣，以後就不斷一呼一吸到死亡為止。（有經典說法不同）

你打坐時氣住了，鼻子呼吸停了，此時會感到慢慢下腹在動，就像胎兒不用鼻子呼吸用臍帶呼吸一樣。可是一般人做不到，他一到這個階段，就有一股氣向前衝。在肚臍以下恥毛以上的一條線的位置，我們過去叫青春腺，氣衝到這裡，性慾就上來了，就非要解決不可，結果就放掉了。此時如果可以不犯性慾，身體自然就一天天好起來了。在我的少年時期常覺得青春腺這裡很舒服，你年輕時也覺得如此嗎？

聖吉：我不記得了。

南師：你太聰明了，聰明的人青春期來得早，容易早熟。你大概很早就失去青春了，哈哈哈！在座其他人也一樣嗎？至少你們小時候在屙尿後會哆嗦一下吧？有嗎？

明天我們繼續講，要教你用功的方法，今天先把法門的名稱告訴你，叫作安那般那，安那是出氣，般那是進氣。嚴格說來，安那般那是關於膨脹收縮，不是指呼吸。今天就講到這裡了。

聖吉：我想澄清一下關於五大的問題，譬如水，煮沸了成氣，就不是水了，水結冰了，就成了固體的土了。是否正確？

南師：是的，水大和土大關係很密切，所以人體百分之七十是水。但不是說四大可以變來變去，佛講過的：「四大性離」，它們各有各的範圍，水化成蒸氣，是水受風的影響，變成蒸氣的現象，不是水變成風。四大性離，組合起來變成物質世界，變成身體生命。四大最後歸到空，空大又和四大彼此不相關的。

第二講

內容提要

安那般那出入息

修出入息是修什麼

呼吸不是息

念頭和氣

南師：今天開始為你講安那般那的修行方法。這在佛學講算是共法，不是不共法。為什麼呢？因為像印度的軍荼利瑜珈或其他瑜珈門派，婆羅門教，西藏密教，小乘、大乘，乃至其他世界上一切的宗教，在講修定求靜，都共同走這個路線，所以稱為共法。至於佛法和其他宗派的不共法，是講般若，智慧的成就，不過仍然是要配合共法的修行而來。

現在我們把名辭重講一下，呼出去叫安那，吸氣進來般那，中文叫出入息。上次說過，人在胎中是不用鼻呼吸的，所以胎兒沒有出入息。但是胎兒自己有股生命的功能，自己有息，有生有滅，是生滅的現象。比喻來說，就好像是電流一樣，記住這只是比喻。但是生滅不是中斷的，而是相續不斷的。

胎兒出生，臍帶剪斷了，嘴巴裡的髒東西挖出來，開口「哇」一聲，原來生命裡的氣呼出來，然後鼻子吸入第一口氣。最後死的時候又再呼出最後一口氣。佛經、密教、道家都沒有交代清楚的一點是，嬰兒從生下來到死亡，都是呼吸自然往來；但是胎兒沒有鼻孔或毛孔的呼吸，只靠一股用今天的話說是能量的作用，不斷地膨脹收縮，生命就逐漸成長。真修息是修那個作用，不是呼吸往來的作用。這一點要先交代清楚。

現在一般的呼吸修持方法叫數息觀，分數息、隨息、止息。包括日本禪宗在內，大家都把呼吸往來當成息了，他們講的數息，不是指那個不呼不吸生命本源的息。中文裡「息」是休息之意，《易經》觀念的息是成長的意思。呼吸往來是消耗放射的作用，吸進來呼出去是生滅法；但是「息」不是消耗，而是不進不出，停止在那兒。這個是了生死的法門。

中國的天台宗講得非常清楚，把呼吸和息的關係分成四種：一進一出很急促的，只到肺部，例如在跑步時的呼吸，叫作「喘」。不急促的往來呼吸叫作「風」。比較深長的，寧靜了的呼吸，譬如在打坐或者睡著時的，很細，連自己都聽不見聲音，只在鼻尖上有感覺的叫作「氣」。你觀察人的睡相，如果還有呼吸往來，這人沒真正睡著，腦中沒有完全休息。有那麼一剎那，這人不呼不吸了，那是真睡著了，那是「息」的境界，完全寧靜了。普通人在靜坐或睡眠時碰到這個境界是很短暫的，馬上又回到呼吸往來境界，氣又一進一出。一個人打坐時，在他旁邊可以聽到他呼吸很粗的，那根本就是在散亂，哪裡是打坐！有經驗的老師只要一看一聽，就知道此人是否真正在打坐。

西方的運動不談，現在連東方練武術氣功的，甚至瑜珈的，都教人把氣吸進來，保持在下腹丹田，然後叫這個是「氣」，那是完全搞錯了，這是在玩弄「風」。而且把氣憋在肚子裡，只會搞得肚子越來越大。這麼做，充其量只是幫助內臟運動而已。

你注意一下八九歲的童子，他身子的肺部和胃部是圓滿成一條線下來的，他呼吸進來是遍及全身的。真練工夫的人，懂得吸氣進來時，腹部是收進去的。打拳的人一出拳會「喝」一聲，這是把氣放出來增加力量，比悶聲不響出拳的力氣大。但這只是風的作用，不是息的作用，氣真的充滿時，不呼不吸了，只要意念一動就起作用了。

普通人呼吸都是肺部作用，只用到一半呼吸，不要說息了，連氣都不算。能練到氣了，身體絕對會健康的。有禪定工夫的人，呼吸就不在肺部，而是在丹田，這是自然的。童子成長了，有了男女關係之後，氣就破掉了，呼吸就只有一半了。丹田呼吸指的是在娘胎裡用肚臍的自然呼吸，但這還只是氣，不是息。

像某人的女兒只有十四、五歲，最近幾個月跟著媽媽打坐，她就告訴媽媽，其實人的呼吸不管白天還是晚上，都是在肚子這裡呼吸的。成年人能做到隨時這樣呼吸，此人一定健康。至於進一步練到長生，也要從這裡開始練。

為什麼跟你講這些呢？因為我看到你在報告中說，自己打坐時呼吸停止了，其實還沒有停止，但是也差不多了，所以詳細為你說一次。不過要注意，如果工夫到了止息境界，身心會起很多變化，這慢慢再說。你要知道，念頭和息是兩回事，假如我們每個思想都能和息配合，就進入禪定了。

多年以前，我大概二十五六歲時，有一天陪同我的老師散步。他忽然抓住我的手，問：「是思想先動還是氣先動？」我毫不考慮就回答：「當然是思想先動。」他把我的手一放，說：「了不起，你真懂了。我問過好多的老前輩，他們都認為是氣動了念頭才動，其實不是的。」

所以，念頭和氣是兩個東西，要能做到呼吸不動，念頭專一不散亂，這叫作「心息相依」，在密宗叫「心氣合一」。念頭不散亂，只有一個念頭，與氣合一了，是很重要的。像這個女孩，雖然已經有過月經了，但是因為心念比較清淨，就容易做到在丹田呼吸。年紀越大，心越亂。思想越動，氣也越短，就不容易做到了。

打坐時能先做到氣充滿下半身，繼而到四肢，然後鼻子沒有了呼吸，那就差不多要到止息了。

聖吉：我有時打坐時呼吸停了，我注意到：如果又開始呼吸，是因為我的念頭動了。換言之，也是念頭先動，氣再跟著動。

南師：是的，念動然後氣動。要心息相依才能得定，心動了，息也就動了。安那般那這個法門是非常細的，這一次我不能詳細講，只能初步說說。有時一個人在極度專心工作時也會有暫停呼吸的情形，在受到極度驚嚇的時候也會如此。這是因為心念高度集中了，所以基本上都是心念的關係。念頭清淨了，呼吸也放慢了。了解這個，對於你的身心都會有很大的幫助。

所以第一要明白自己呼吸的長短，佛經說：「息長知長，息短知短。」而息充滿全身也知道，息導致全身每一個細胞起變化也知道，這個知道的知是心的知。可是一般人解釋錯了，認為息是呼吸，注意力就放在一進一出的呼吸上，變成在練氣了，這是大錯特錯。知道息長短，是要知道這個不呼不吸暫停期間的長短。開始時，這個暫停的期間是很短的，慢慢練習久了，念也定住了，能跟它配合，氣就能充滿你全身。今天已經講得很多了，你去練習練習，明天再繼續。

南師：昨天講安那般那，講息的道理，有什麼體會嗎？

聖吉：很有用。

南師：我知道你以前學過也會用呼吸法門，現在要懂息的道理。

聖吉：我就這個問題想請教老師，當我的呼吸全靜下來了，我是清楚知道的，一切都靜了下來。可是當我的鼻子呼吸停止時，我仍然覺得腹部的中心，大概就是丹田位置仍然在呼吸。這是否就是老師在第一天所講的，細胞也會有的膨脹收縮功能？

南師：你問這問題代表你沒把昨天講的聽進去，這個法門的確很難。我先回答你的問題，然後再把安那般那法門講一次。你太著意在呼吸的一進一出上了，我教你的是個大的呼吸法門，你專重鼻子的呼吸變成在練氣功了。

我們現在講的是禪定，你打坐時先把念頭放鬆，什麼都不去管，過去、現在、未來都拋開。自然地呼吸，開始時是用鼻子呼吸，當你靜下來了，呼吸會變得深長。慢慢地自然會成為丹田呼吸，不用你去著意或者去守住丹田的。密宗和道家會要你守丹田，我們現在講的安那般那法門不用這個。

聖吉：我的經驗是它會自然發生，不可能人為產生。

南師：對，就像昨天告訴你的，你要知道呼吸變得深長。現在我為你重覆一次安那般那的要點。這個法門依中國的天台宗，是有為工夫配合無為工夫一起的，上座後身心都放掉，一切不管，先清淨一下，即使是假象的清淨也沒關係。

其次，你調整清理身體內部。一般人飲食男女沒有斷的，身體都有毛病，就成為修行的障礙。天台宗用「六字口訣」來清理身體內部。這個法門最原始是跟著佛法傳到中國來的，不是天台宗的祖師們所創造的。後來中國的道家也學著用。六個字和相對應的器官是：

呵（讀如「猴」）↓心

呼↓胃

噓（讀如「河威」合音）↓肝

吹↓腎

嘻（讀如「河宜」合音）↓三焦（荷爾蒙系統，甲狀腺、胸腺、腎上腺）

呬（讀如「斯」）↓肺

（括弧內為國語發音）

這些字本身沒有意義，你每一口氣拉長讀一個字，但是不能讀出聲音來，你只是要借用它們發音的嘴形，以聽不見嘴中發音或呼氣的聲音為準。看我做（南師示範）。

當你一口氣吐出「呵」的時候，觀想在心臟部位的業氣、病氣都吐出來了。一口氣吐盡了，把嘴一閉，身體自然會吸氣進來，完全不用你去指揮，也不用費力。你如果在吐完氣之後還拚命吸氣回來，是錯誤的作法。另外五個字也是一樣。

好，你每次練習安那般那，第一，把念頭都拋開，放鬆身體。第二，用六字口訣調整身體裡面的器官，或者有其他不舒服的地方，也用呼氣的方法清理。例如，你覺得胸口悶悶的，可能是心或者肺的問題，就用「呵」或者「呬」字。腰部不舒服可能是腎的問題，就用「吹」字。餘法類推。這裡面還可以配合特定的動作，可以練武功練劍，有一種功夫可以把吐氣練成嘴中的吹劍……我們這兒講不完的。

做完全部六字口訣也要用上不少時間，把內部打掃乾淨，氣路通暢了，就自然進入安那般那呼吸，但不用特別去注意呼吸。我在第一天說過，風大是五大中最重要的，所有的病都是因為氣不通而起的。

你做了清理，如果還有哪裡不對，再用安那排出病氣業氣。你如果思想不能靜，能真練好了出氣，思想煩惱也會少了。我們人在大煩惱或者累極了的時候怎麼做？是不是長嘆一口氣？對不對？嘆出去就舒服了。男女在做完那事也會嘆一口氣，然後睡得像兩條死豬，舒服了。人死的時候，最後一口氣是出去的。人出生時，第一口氣也是出去的。

講回靜坐，練完了六字口訣，自然地呼吸，只有知性在看著呼吸。記得知性不是在腦中的。呼吸變得深長，你非常清楚；如果你的念頭此起彼落，你的呼吸是短促的，你也非常清楚。佛經講得很清楚，呼吸有長中長，長中短，有短中短，短中長。為什麼如此？佛沒有說。那同你的身體健康有關係。如果靜坐時你的呼吸忽長忽短，這可能是你當天的情緒不定，吃的東西不對，乃至天氣變化都會有影響。

當呼吸粗重時，你會感覺到在鼻尖，漸漸、漸漸地，感覺到了眉心，最後才到了頭頂。當你還不夠靜時，你好像感到有東西進出。其實並不是空氣真的進出你的頭頂，都只是你心理的感覺。當你念頭定住了，就不會有這種感覺了，那就是息。

所以，你在練習時，只是知道呼吸的長短進出，只看這個，不要管念頭。好像在看著一個小孩子在房中跑來跑去，你知道他在那兒，不用去幫他忙。這也像是看著水中的魚游來游去，你知道魚在那兒，你不用去碰牠。看著呼吸的長短、進出，慢慢地，越來越深越長，到了不呼不吸了，就是止息。

止息以後，知道全身充滿了氣。如果覺得哪裡不通，用意識觀，把那部位的病氣業氣送出去，甚至放個屁放出去。最麻煩的是氣到了性器官，這時候不要去管它，把這個看的念頭也去掉，它就沒有了。你越看它就越是幫它，它就越來越強，直到你忍不住了，只得去尋求發洩。當這種問題來了，你要知道如何處理，懂嗎？

當你全身充滿了氣，把念頭都拋開，慢慢地氣也穩定了，這時就可以常在不呼不吸中。其實也不是絕對地不呼吸，只是隔了許久才呼吸一次。如果此時有氣進來，把它放出去，身體就空靈了。這時身中就會生起光明，可能在頭部或者在背上，或者最好的情形是在下半身生起的。此時口水分泌會特別旺盛，不用吞嚥，它自然會下去，這就是甘露，是最好的雙性荷爾蒙。慢慢地連身體的感覺也沒有了，進入了光明定中。

我只能為你講到這裡了，講多了反而會害了你。

很多人以為吸氣能充實生命，就練吸氣，真是愚不可及！真正的祕法正好相反，要捨，把它放出去。大乘道叫布施，把自己的氣乃至生命給一切眾生。

練習中最難的是腰部以下，到腿，到足趾。兩足是最難打通的，一旦通了，就會生起非常舒服的感覺，繼而產生樂感，比性的快感還要好。樂感由腿上升到頭，由腦所生的樂感是無比的歡喜，無法形容的。到了這一地步，身體就不是障礙了。一般人打坐總還覺得身上有這裡或那裡的不舒服，就是覺得有身，所以身體就變成了障礙。身體不障礙，下一步就要修菩提了，否則會生起神通、特異功能。到這裡為止是共法，外道也可以修到的。至於身體上的各種感覺，痠痛脹痲癢等等，大類的有三十四種之多，我們下次再講。今天所講的足夠你消化一年了。

聖吉：的確，的確。

南師：你們有練瑜珈的，如果筋肉拉不開時，用呼氣的方法可以幫你伸展開來，你氣吸得越飽，越難伸展開來。氣跑到了腦子是最難放的，比下半身的氣還難放掉。能把腦中的氣放掉了，頭都空掉了，什麼智慧都發起了。真正的問題是在上面，不是在下面。下面的問題都是假的，都是由上面來的。所以把頭砍掉就什麼問題都沒了。這不是笑話，佛陀教的白骨觀的修法，就有觀想把頭骨切掉，倒轉過來放進腹腔的空間中，如果你能觀得起來，什麼高血壓之類的，就都沒了。今天到此為止，去練習吧。

第四講

內容提要

止和觀是方便
生理是五陰中色法
色受想行識
知時知量用功
表色　形色　顯色

南師：今天是這一回為你講修持的最後一次，主要作些補充。在開始之前，我先問你兩個問題。前幾天聽下來，實驗得如何？

聖吉：我對「止」和「觀」仍然不是分得太清楚，而且越搞越糊塗。我懂了什麼是止息，但是不肯定是否這時要開始用觀，次序是否如此？

南師：你先要了解，我們在講的是禪定法門，而止觀是個總的，兩者有關聯可是邏輯上不同。止和觀就是奢摩他和毗鉢舍那，是所有宗教所有法門在修行上都用上的，它同我們所討論的種種生理情形是有連帶關係，但是並不只是生理的。止和觀是一種方便，是一種手段。禪定不過是止的其中一種，但是不能說禪定就是止。其實當你進入止息境界的時候，你早已經在觀了。昨天說過，這個觀是知性的作用。這個的確不容易搞清楚。

我再講一次，從佛法立場來看，所有禪定的工夫，包括大小乘的戒、定、慧，六波羅蜜，所有宗教的祈禱，各種的瑜珈、冥想等等，都是要證入菩提的手段。手段不是目標，目標用現代的辭彙來講是形而上的，手段是形而下的。一旦進入了形而上的境界，所有形而下的都成了空話廢話。《楞嚴經》告訴我們：「但有言說，都無實義。」手段是一種方便，你一定要搞清楚。

這個話題到此為止，我再問你第二個問題，你還記得我們在九七年打禪七時講過的「四禪八定」嗎？

聖吉：記得。

南師：好。我們開始今天要講的材料。

修行的人經常被各種幻覺拉著走，我第一天對你說過，人生無時無刻不受知覺和感覺的影響。我們的各種情緒，像喜怒哀樂，是感覺來的，不是知覺。換言之，它們是生理的，不是心理的。

現在你手中拿的材料，是我今年稍早在中國打七時所講的內容，抽出其中的一部分。這是三十四種觸，因為時間關係，只能大略說一下。

根據佛學的歸納，這個生理的、物理的是屬於五陰中色法的範圍。《心經》上說五蘊皆空，五蘊就是五陰，陰就是蓋住了的，人類自己不知道。

第二個是受，是感觸，譬如我們感到冷暖舒不舒服，男女飲食的快感不快感等等，都是受陰範圍。受的對面是觸，就是交感，生命與物理世界接觸的交感作用，觸與受是連著的，是感覺。我們生命活著每天大都被感覺拉著跑，自己都在糊塗中。有人做工夫發起了特異功能，神通境界，實際上絕大多數都是感覺的物理變化，都靠不住的。依佛學的歸納，觸受只有三種：苦受、樂受、不苦不樂受。我們每天在清醒時多數是在苦受中，樂受是很少的，只是大家不知道而已。在不苦不樂受中也很少，只有在睡眠和昏迷中才有。

聖吉：請問為什麼五陰又叫作五蘊？

南師：陰是說有這個作用，可是人的智慧卻看不見，所以是陰暗的，也叫作五蘊，蘊是聚集的意思，也有累積的意思。陰是蓋著的意思。這兩種叫法都對，也只呈現其中一面的意思。所以佛經從梵文翻成中文時，也碰到過大問題的。例如第八識阿賴耶識就只好翻音，成為阿賴耶識，是蘊藏的意思，它的內容有能藏、所藏、執藏三個功能，翻成一個功能都不全面。五蘊同阿賴耶識整個關聯的，生命的本能就蘊藏在裡面。

五陰是分類歸納生命的存在，物理的是色陰一種。其次是受陰，是心理和物理世界交感而起的。然後是知覺的，思想，想陰。再來是行陰，這個高了，是所有物理世界所依靠的動的力量。現在人類所使用的動力像太陽、石油，並不是永恆的。今天的科學還沒有找到那個永恆的動力，假使找到了，整個人類思想就通通變了。我們的生命有個東西在驅動，那就是行陰，是永遠在運動的。這個觀念是心物一元的，行陰的後面是整個唯心的，是心物一元的唯心的識陰。這就是五陰。

時間關係這個題目我們只能講到這裡了。現在趕快回頭講三十四觸，只能唸一唸。其中三十種是所觸：輕、重、滑、澀、軟、硬、緩、急、冷、暖、渴、悶、力、劣、饑、飽、痛、癢、脹、痳、粗、細、瘦、黏、老、病、死、疲、息、動。我再加一個靜，就成為三十一種。還有四種是能觸：地、水、火、風，是基本功能，都是生理的。

這些還只是主要的類別，如果依照現代醫理學心理學，還可以再細分出很多種。為什麼要認識它們？你做工夫時這些現象會不規則地隨時出現，你認識了就不覺得稀奇了。你用功進步，身上毛病好了，皮膚也變嫩了，返老還童了，都是自然的變化。如果思想認識不清，自以為了不起了，可以去當教主了，那就走偏了。你認識清楚了，這些都是心理的物理的自然變化。

每一個名辭包含的內容都很多的。例如人的老病死，到疲到息，這其中分析起來有很多的。在修行做工夫上，有四個字特別重要：「知時知量」，你要記住。同時，你把這四個字用到世法上，像你講的管理學，也都用得上，投資、打仗都要「知時知量」，非常非常重要。

今天所講的牽涉起來非常廣了，正式講起來恐怕要上一學期的課。發生了問題你要知道該如何去調整，這中間又要牽涉醫理。例如你用功起來，到了一個階段全身發癢，你怎麼處理？這可能要靠藥物幫助，但治本還是要用工夫轉過來。或者用其它方法，像傳統中醫的一砭、二針、三灸、四湯藥。該用哪一樣？這治療還要配合氣候，這又要懂氣象懂天文。所以生命活著，你要去玩它是很麻煩的，最好死掉！

聖吉：那我怎麼辦？住得離老師那麼遠！

南師：沒有辦法了。除非你整家搬過來跟著我十年吧，假定我還沒有死。這邊有的人跟著我很多年了，有人還跟了我快三十年了！

時間來不及了，趕快講第二個題目，三類色法：

一、表色，表現出人生命的，有四對八種：行、住、坐、臥、屈、伸、取、捨。

二、形色，有形的，也有四對八種：長、短、方、圓、高、下、正、不正。

三、顯色，它是主要的，不屬於表色形色的，有十二種：青、黃、赤、白、雲、霧（雲輕霧重）、煙、塵（煙凝結了變灰塵）、明、暗、光、影。

為什麼要你知道這些呢？你打坐修行時見到這些顯色，如果不明白這個道理，就會被這些幻相所迷，自以為了不起了。這些都屬於「獨影意識」境界，都是物理的作用，是身體內部摩擦產生的自然現象，不是神通。

你注意喔！我並不是說這些都是不好的，都不應該要的。不要誤解。是要你碰到這些現象知道是什麼作用。

有些人專利用它們來修某一種特殊的法門。講一個例子，我年輕在西藏住過，同學們在玩時，有一個入定，他的身體隱藏到一團彩色的光影中，就看不見了。我就伸手到他的光影中去，拍他一下，「不要玩了！」一般世俗的人看到可不得了了，以為他有神通啦。

這種情形在高原氣候地區比較容易發生，像西藏、不丹、北印度、中國雲貴地區。我覺得那裡像是神仙國境，人到了那裡好像身體都輕了許多，感覺飄飄飄然的。

這些不一定是壞事，不是叫你要，也不是叫你不要，「知時知量」是最重要的，這一知是最難的。你經歷了這些境界，到你死了，那個中陰身也有物理作用的。今天的科學是沒法講這個的，可是這幾年西方的電影也變了，開始接受因果、前生後世以及中陰身的觀念了。

中陰身有沒有物理呢？都屬於光、影、明、暗的。這在佛學叫作「法處所攝色」，屬於意識變出來靈魂的境界。例如，注意，這只是比喻，我們做夢可以聞到氣味，嚐到東西；有時候，你在夢中哭了，一醒過來發現枕頭是濕的。你們可能沒這個經驗，可是在我身上發生很多次，特別是在對日抗戰期間。我當時是個軍官，駐守在四川，家人都留在東邊老家，在日本人的佔領區內，國破家亡，與家人不能通訊，不知生死。我當時是帶兵的，表面很風光，可是回到自己的房間中，好多次在夢中見到父母親都會哭，早晨醒來枕頭就是濕的。

再假如我死了，你們圍著我哭喊，我在旁邊也會受到你們的情緒影響，會跟著哭。這就是阿賴耶識的中陰身，它同樣會流淚，不過不是我們活著這個物理世界的眼淚。這種法處所攝色是非常細緻的，這是個大科學，能結合起來研究就是《楞嚴經》所說的心能轉物，物能轉心的道理了。

好了，差不多了，你明天要上路了，就講到這裡吧。

第二章

二〇〇四年十一月八日至十日

第一講

內容提要

最早講生命科學的人
宗教追求什麼
生命的生理問題
氣與生命
生命本元之氣
什麼是種子氣

南師：你這一次來，雖然問題還沒有提，但是我知道你們的問題大概在什麼地方。剛才我們先談了美國現在認知科學的情況，你大概講了一下。正如我所想的，認知科學走到旁門左道了，沒有真正向認知科學的本題發展。換句話說，他們對認知科學的研究，配合了腦科醫學、心理學，慢慢和西藏密宗，尤其與達賴那一派的結合，把對生命科學的研究，演變成對前生後世有沒有靈魂存在的問題了。這個路線，離認知科學主題也越來越遠了。

如果真正講認知科學的話，就是過去希臘哲學所講的認識論。所謂認識論，就是對於能知覺、能思想的本身問題的研究。換句話說，就是中國文化講的知性，也就是討論能夠知道一切的「能知之性」是什麼，這才是正題；當然也包括了靈魂等問題。這個問題這次暫時不談，等你下次來，我們再討論。真要建立認知科學的方向的話，要好多科學家參與，尤其是物理學家，量子物理學家，等等。等我廟港那裡的建築好了，我通知你約一些科學家來，像研究物理學的、真空物理學、量子物理學、化學、醫學等等，這些人一起來，我們再來討論。這是就我們剛才在外面喝茶時談到的問題，我給你的一個結論。

我看了你們兩位（以前一同來的），對你們兩位有一個感想；你們的身體、精神比以前差了，你們太忙了，不知道你們感覺到沒有。

聖吉：我自己沒有太覺得。

南師：你們太忙了，給名困住了。名氣越來越大，演講越來越多，消耗也越多。凱因斯的經濟學理論，消費刺激生產，但人不是物質，人的生命、精神消費太多，生產反而就沒有了。人消耗的越多，接觸面越廣，知識也越淵博，越淵博消耗越厲害。你們自己也沒有注意，其實，我也老了，人是一年比一年老的，我現在八十七了，快到九十了，你們也要注意這一點。

你們上一次來（一九九七年），我給你們講的禪修，到現在七年了，現他們出家都十幾年了（指在場的出家人），他們比你年輕，還不到四十，現在希望來這裡專修。所謂專修，他們當然沒有女人，什麼都沒有，單獨在這裡，一天到晚做這個事。將來修到什麼程度，還不知道。這是講他們出家人的事。所謂出家，就沒有夫妻關係，沒有兒女關係，所有的社會關係都沒有。你們在家的，不會進步太快，因為在家的有老婆、孩子、名譽、工作、社會關係一大堆，都是拖住自己的，所以很難。因為難，現在我再濃縮給你們講一下。你們只有三天在這裡，希望你們重新有一個認識。

一個生命活著，只有兩樣東西，我從前給你們講過的，一個是生理的，身體的；一個是精神的，思想的。精神思想同現在所講的認知科學有關係的。現在把精神思想擺一邊，先簡單地講一講，把生理、精神兩個東西合攏來的一個人。

真正研究生命科學的，最早提出來的是釋迦牟尼。以我的觀點告訴你們，整個的佛學，包括密宗、禪宗，佛學的小乘、大乘，等等，各門各派綜合起來，可以下一個定論，就是專講生命科學的。

釋迦牟尼為什麼出家？就是想解決人類的生命問題。這個生命問題，其實也是全世界所有宗教所追求的共同目標。小而言之，解決人類自己生命的問題；擴大來講，解決整個宇宙人類的生命問題。包括宇宙怎麼起來的，這個世界怎麼形成的等等。整個宇宙可以說也是由兩部分組成，一個是物理世界，一個是精神世界。在哲學思想裡頭，當年柏拉圖就提出二元論，精神世界與物理世界；拿人來講，就是生理與精神。

所以你們現在要有這個基礎的認識，要認識為什麼要去打坐，為什麼修持求證這個。所以首先就要瞭解這兩部分，一部分是生理問題，一部分是精神問題。

從一九九七年到現在，你們所追尋的、所感受到的，也是這兩方面的問題。這次你來，要重新作個檢討，要清楚地認識這個重點。

我們這個身體活著，拿現在唯物觀點，以及世界上的知識，配合醫學、生理學來說，這個身體是完全唯物的。身體大概有幾個系統：骨骼系統，肌肉系統，骨骼上面加肌肉，等於我們蓋一棟房子，鋼筋外面加水泥。然後是神經系統，消化系統，呼吸系統，內分泌（荷爾蒙）系統，生殖系統。再分析呢，有很多的細胞、血液等等。我們不作詳細分析了，不然越分越細，越分越多。

兩千多年前，釋迦牟尼佛分析人這個身體，認為是由三十六種東西

（按：三十六物為外相十二物：髮、毛、爪、齒、眵、淚、涎、唾、屎、溺、垢、汗。身器十二物：皮、膚、血、肉、筋、脈、骨、髓、肪、膏、腦、膜。內含十二物：肝、膽、腸、脾、胃、腎、心、肺、生臟、熟臟、赤痰、白痰。）組成，跟我們講的不同。有什麼不同呢？他等於是把一個人大體的解剖了講，有三十六樣東西，不是詳細的。我們剛才講的，不是把人體分開了講，而是摶起來這樣一個系統。其實是同一個道理。

過去，佛把物理、生理歸納為五大部分，以前給你講過的，有地、水、火、風、空，五大類。你回想一下，還記得嗎？

聖吉：都還記得。

南師：現在我們偏重講五大中的風大，就是氣的問題了。你打坐，搞呼吸，都經驗過了。我現在提一個問題，請你們答覆，為什麼修行打坐，叫你們專注在呼吸，才會自然達到止息？為什麼要這樣修呢？

聖吉：把思想停止。

南師：你所理解的就是這樣嗎？

修？

聖吉：停止了身體活動，所以就停止了思想活動。

南師：這樣的認識是不夠的。釋迦牟尼佛為什麼叫我們由這個方法開始修？

Hanig：我想到呼吸的四種形式，風、喘、氣、息。一步一步的，慢慢由喘—風—氣—息，就可以到達認識生命的真諦。

南師：這個理解也是不夠的，這是講生命裡頭風大的現象和過程。因為我們呼吸就是這樣。你這個呼吸的過程講得也不對，也許是翻譯的過程誤解了，現在給你補充糾正。

先講風，風是基本的原則。風，在中國講，就是氣流的氣，在人體內變成了呼吸。人的呼吸是第一位的，所以風是第一位的。我們粗的呼吸叫作喘，喘氣；比粗的呼吸緩慢的，叫作呼吸的氣；比呼吸的氣緩慢的，自己也聽不見，感覺不到，好像鼻子也不呼吸了，那個叫作息；都屬於風大的範圍。風、喘、氣、息，次序是這樣的，搞清楚了吧！

這種講法，只是把現有生命的風大與氣，以及息的關係加以解釋。真正的佛法，關於風、喘、氣、息，只是對現有生命來講的。這幾部分非常重要哦！這是關係我們生命的存在。如果氣息不對了，就與衰老、病、死亡關聯，生命的存在就是這個樣子，所以，修行叫你們先注意這個。這個都沒有問題了吧？

（聖吉：是的。）

我剛才強調了三次，這是對現有生命講的。那麼在佛學裡頭，這方面有個名稱，叫作「長養氣」，現有生命的氣，是這個情況，這還不是生命本有的氣。你這次來，我們先從這裡討論。

一個胎兒，在娘胎裡沒有牙齒，鼻子沒有呼吸，只有臍帶跟母親的身體連著，這個大家都知道。現在醫學研究，母親把飲食經過消化吸收後，變成另外一種營養，通過臍帶送到胎兒身體裡來。那種營養，長成胎兒的細胞、肌肉、骨頭，成為整個的身體，這其中的變化一時也講不完。《入胎經》還沒有英文翻譯本，請你們用英文給他講一下這個七天一變的過程。（彭嘉恆用英文簡略講解胎兒在母親子宮中的變化。）

胎兒成長，七天一個明顯變化，經過三十八個七天，嬰兒出生。每個七天，生出身體哪一部分，長哪一部分神經，很詳細的。這個胎兒的成長是個大的科學，要配合現代的醫學、腦科學講，一時講不完，下次來再給你們講。他們這樣的翻譯還不夠，必須懂得現代醫學、解剖學的人翻譯給你們聽才行。下次，你最好把好的醫生約來，我們兩邊合作，把這個講清楚。

胎兒通過母親的臍帶得到營養，但是生命的成長，主要是「氣」。「氣」對胎兒來講不是呼吸哦！釋迦牟尼當年在印度用梵文講的，但是後來印度沒有保存，都在中國譯的佛經裡。這個「氣」，剛才我們講的呼吸的氣，叫作「長養氣」。但胎兒這個「氣」，就不叫「長養氣」，而叫「報氣」，也叫「報身氣」，是果報來的。中國道家把這個叫作「元氣」，這個就不是呼吸的氣了；胎兒在母胎中還沒有呼吸。

經過三十八個七天，最後一個氣，使胎兒倒轉，就出胎了。醫生剪斷了臍帶，挖出了嘴裡的血塊，外面的氣從嬰兒的鼻子進去了，嬰兒「哇啊」的一聲，呼出了生命的報氣，鼻子吸進了氣，就是「長養氣」呼吸開始。這個長養氣進來、出去，進來、出去，沒有停止；一直到最後一口氣進來不出去了，或者一口氣出去不再進來了，呼吸一停止，人就死亡了。所以我們講這個氣，風、喘、氣、息，是存在於現有生命活著的這個階段。

從嬰兒臍帶一剪斷開始，這個長養氣隨時隨地在用了，叫呼吸。吸進氧氣，到身體內變二氧化碳，身體不需要二氧化碳，必須要排出來，所以要呼出去，一呼一吸，永遠在那裡這樣呼吸。

現在你打坐修道，呼吸即使到最細，完全止息了，仍然是在長養氣中搞，還沒有認得胎兒時那個生命本身的元氣。

所以要先了解風、喘、氣、息，乃至不呼不吸，完全到止息，幾乎恢復到胎兒時的那個情況，你才認識到真正生命需要的那個原來的元氣。

要認識了生命裡那個本元之氣，才開始叫作真正修禪定做工夫；才能控制這個生命，才能轉變生命。

這樣就產生了印度的瑜珈，被密宗吸收了，變成密宗這些法門，變成修禪定的一些方法。瑜珈，密宗，禪定，這些都吸收了這個元氣的道理，才講氣脈問題，就是氣跟脈的關係。脈是身體上生理的變化。

這幾年你們打坐，都很有進步，很有修養。但仍在長養氣中後天的一呼一吸上面做工夫。雖然已經有一點效果了，還不是究竟。氣必須達到止息以後，身體由病痛、障礙，才能恢復到絕對的健康。等於恢復到嬰兒剛出娘胎時那樣柔軟，那樣健康了，這時開始修禪定，才能進一步認識生命。

在認識生命以後，才進入到後面還有的那個能量，那個能量姑且叫氣，在佛學裡叫作「種子氣」，相似於現在量子物理學所講的那個最後最後的東西，要到這一步很難了。

今天先告訴你們這一步，要重新有一個認識，希望你多用一點功，把你的身體精神快一點變化好。

聖吉：謝謝老師！

南師：佛說，人全身的氣脈大概有十萬八千條。比如一塊牛排，一條一條肌束纖維，就是一條脈。所以，人的身上究竟有多少條脈，你就有個概念了。

種子氣的氣是空的，通量子物理學。種子氣是心物一元的，是念力，也是心力。

聖吉：我覺得胎兒的成長，就像花的種子成長變化，宇宙的道理也一樣。

南師：對。

聖吉：唯物論不能解釋沒有出生以前的東西，只能說明已生，或已死亡的東西。

南師：對。

聖吉：明年就又老一歲，所以我要用功。

南師：中國有兩句詩，「年年歲歲花相似，歲歲年年人不同」。今年的李某不是去年的李某，明年的李某不是今年的李某。這是客氣地講；不客氣地講，今年人還見面，明年那個人走了，換了新的人了。

第二講

內容提要

時間用在哪裡最好

聖吉談工作與修行

如何達到止息

聖吉：昨天老師提醒我老化了，而我自己原來卻沒有感覺到，心中著急。我已經認識到修行是生命的中心，請老師指點我。

南師：你有修行的發心，把修行當第一，好！很多人都認為修行是第一，但因為生活沒安排好，把修行擺到第五、第六位了。名望、事業、金錢、利害，乃至家庭、夫妻，這些都排在前面，反而把修行放到後面，普通人都如此。

我當年，年輕正飛黃騰達之時，為修行而擺下一切，這個是很難的。所以，學道如牛毛，但真的走這條路的很少。真走這條路，要調整生活。你到中國這樣跑太辛苦了，我心疼你。這些活動演講，雖很重要，但是，時間安排得太緊，太疲勞，對身體是有妨礙的。正如古人的話，這是細細消磨漸漸衰。

我的一生，從二十幾歲起，在聲望最好時，為修道都放掉了。幾十年來，很多升官發財機會，一概不理。現在為了年輕人的修持，才有這個環境，這裡十五樓如此，在廟港的建設也如此。不然，我個人一概不要這些，這個可做為你調整個人生活的參考。

外面找我的人非常多，一概不理。我的書，那麼一大堆，大多是同學們的聽課記錄。為了這個修行，我沒有時間動筆寫書。若放開的話，很多人來找，就沒有時間修行了。真修行只管自己，你有緣找上我，其他外國人想找我的也很多，都拒絕了。下面給你講一個生活安排的方法。

你著的書，在中國名氣越來越大。名氣大，要寫的趕快靜下來寫，不然，今後很難坐下來寫書了。以你的管理學，可配合認知科學，寫薄薄的也可以，新的書出來了，你的名氣和影響更大。比如說，美國的亨廷頓，他對於世界趨勢的論斷，是有問題的。美國不瞭解東方，東方包括中國與印度，他也不瞭解少數民族。你把這個寫寫，介紹介紹東方文化，也是對美國的貢獻，使美國領導人頭腦清楚一點，如此對世界也有貢獻。中文的書，可找人合作翻譯，彭嘉恆也可幫忙找這樣的人，把東方文化介紹給美國。修行，可來這裡個把星期，再回去，這樣做可減輕勞累。這個供你參考。

聖吉：感激老師。我這輩子錢也夠用了，請問，時間用在何處最好？

南師：修行。

聖吉：我的工作有三個內容：團體共事、寫書、巡迴演講。我感到做這些事，也是為貢獻世界。比如我到中東，與石油大老闆談世界形勢，談人類未來，談如何改進他們自己，我認為這也是修行。但是，如此一來，用於工作的時間多，用於打坐修行的時間少，就沒有時間打好個人修行的基礎。

打坐修行方面，早上打坐四十五到六十分鐘，晚上三十分鐘，作白骨觀，也觀舍利子，也用觀音法門，也用觀心法門。打坐時，呼吸能很快輕下來。以前身體有痛，現在不大痛了。下座，大都是自己要下來，而不是為身體所逼，身體較輕靈了。特別是白骨觀，有些心得。數次作白骨觀，把頭拿了下來，風可以吹過骨架，有一次把骨架吹成灰塵，這個境界持續了四分鐘。以前每日四次大便，現在每日三次，體重減了三、四公斤。

南師：這個就是昨天講的，身體四大與風的關係。修白骨觀，配合安般，最後白骨化空，你的經驗是對的。不過，你白骨化空只到達一次。無論是修白骨觀，或是安般法門，達到止息以後，身體的變化次序是：一、沒有痛苦；二、舒服；三、身體沒有了；四、自身發光明。空明之中，定越久越好。把修行放到第一，慢慢做到這樣，到達了，再談第二步。

聖吉：回美國以後，我的時間安排擬作如下調整，上座能坐多久就坐多久。一天之中，儘量能達到打坐二到三個小時，旅行時間少一點。一年當中，要到中國在老師身邊住幾個星期修持。工作方面，保留與外界的碰面、交流，減少演講。

南師：剛才你講的，工夫與生活方式的安排，這個是對的。尤其在中國方面，在我沒有死以前，你今後可以調整安排。假使我明天死了，後天死了，那是另外一回事了。我沒有死以前，在上海，在廟港，你可以在這裡集中時間學習。你在中國到任何一個地方講課，講完就到這裡來，再出去講，再回來；東南西北你都可以去講，然後回來，等於在中國有個據點了。你講課回來，到這裡找個清靜的地方進去修習，這樣你就不辛苦了。此其一。

第二點，剛才工夫方面還沒講完，工夫方面不管安那般那，還是白骨觀，達到止息後，進一步到達沒有身體感受，把身體轉化了。這個裡頭提到氣脈，下一次來再詳細講。安那般那和白骨觀最後一個目的，要認識到空，身體感受沒有了，知覺仍然存在的。可是知覺很清淨，沒有妄想了，整個是空靈境界。所謂空靈不是思想觀念，是身體沒有障礙了，沒有苦，只有樂，後來舒服也沒有，最後化成空。這個空的境界，是有光明的，在這個裡頭定久了，身體就會起變化。這一步很重要，以後等你到這一步再談了。

聖吉：謝謝老師！

第三講

內容提要

生命來源與十二因緣
佛法不是宗教是科學
最難懂的無明
四種死亡
三種無常
五種癡
大政治家不搞宗教信仰

（近兩個多月以來，南師為出家人講《達摩多羅禪經》。今天先由古道師讀他的心得報告，是他對〈修行觀十二因緣分第十七〉一段經文的體會。）

南師：剛才古道講自己讀這一段經的心得，講得很好，可以做法師，但不徹底。這裡有幾個要點。我們搞的是修證法門，不是講理論，不是講佛學，也不是在課堂上對大眾講的。你這番理論都很對，但實際修證還要進一步深入。

上面講十二因緣，到這一段，為什麼再提出白骨觀、不淨觀的重點？你們要注意這個原因。

白骨觀、不淨觀，書上叫你一步一步一點一點的觀。《禪祕要法》裡有三十多種觀法，這是對鈍根的修行來講的。利根的修行，所謂觀，就不做一步步的觀想了，一個觀念就明白了（參考南師講述之《禪觀正脈研究》）。

佛講的白骨觀、不淨觀，是二、三千年前講的。那個時候，人類關於身體解剖的醫學，中國有，印度也有，埃及、希臘是否有還不知道，現在我手邊資料不夠。釋迦牟尼佛把人的生理解剖分析得很清楚，你不能以現在的醫學、生理學角度，說他講的不符合現在醫學、生理學，要倒回去兩千多年前，來看待他關於生理的分析，他分析得非常科學的。

佛當時以這樣一個科學的方法，教弟子們觀察這個身體。利根者，一觀察，就知道原來人的身體、生命就是這樣一個組合體。對於這個身體，不足以有任何留戀，所以馬上就可以放下，當下就解脫了身見、我見。

當時佛的許多弟子們中，有人仍然不懂，所以佛叫他們親自到尸陀林，就是中國古代叫的亂葬崗，到死屍堆裡去觀察，去研究。不淨觀、白骨觀是這樣來的。

在講十二因緣這一段裡，又提出來白骨觀、不淨觀，就是叫你用不淨觀、白骨觀配合十二因緣，不是只做觀想了，是通過白骨觀和不淨觀，來追求生死的來源，了解生命的根源是與十二因緣有關的。

修白骨觀，使你進入一個定境觀察，了解現有生命的現象。白骨的構成，是由精蟲和卵子結合，加上中有身，三緣和合，入了胎，成為我們的身體，才有這個生命現象。由十二因緣追溯沒有入胎以前，這個中陰意識，是一念無明而起；這樣再追究到一念無明。

無明代表了黑暗，代表無知，代表不可知、不能知，代表現在無法瞭解，始終搞不清楚的。換句話說，就是一塌糊塗，莫名其妙。一切宗教追究的也是最初這一念無明是怎麼起來的。西方哲學叫第一因，生死的第一因及世界生起的第一因是什麼？佛幾千年前就告訴你這個第一因是無明。所謂佛者，就是覺悟了，覺悟的聖賢都知道，無明是第一因的開始，佛已知道了，但是沒辦法用言語給你講清楚，只好把第一因叫無明。無明是生死的根本，也就是宇宙緣起的根本。這個物理世界，是先有「雞」還是先有「蛋」？先有男的，還是先有女的？也就是說，這個物理世界地水火風，哪個先開始的？等於我們物理追求最初的宇宙開始，研究到以太、夸克、量子，都是不斷在追這個第一因。到現在為止，自然科學還沒有追到，還在努力。

第二，這個第一因裡又有四個因：展轉因、鄰近因、周普因、不共因。

不共因是單獨的，比如同樣是死，每個人的死法不同，這就是不共因。在大乘唯識學裡，講到了十個因。其實四個因也好，十個因也好，都是邏輯上建立的，是在你沒有見道以前，用邏輯分析給你聽的。如果你瞭解了一念無明就是因，就行了。

所以叫你因中觀果。比如世界上人問，宇宙萬物誰造的？假使我們引用一般宗教的說法，管它是上帝造的也好，鼻涕造的也好，狗屎造的也好，這個是第一因。第一因從哪裡來？宗教家說不能問，認為這個主宰就是第一因。這是宗教。

佛法不是宗教，佛法是個科學。那個主宰的上帝的媽媽又是誰？媽媽的媽媽又是誰？宗教不能追問；可是佛法要追問。所以講到無明，他這裡講要因中觀果，果中求因。這是個邏輯的追問，也是科學的求證。所以下一段告訴你：「修行觀果從生因，生從有因」，第一念從無明來。無明如何來？是過去生業力集來的，也就是唯識講的，種子生現行，從過去的種子來，從「有」來。一切「有」從哪裡來？「有從取因」，從眾生心裡的「取」來，是自己造成構成的。為什麼人有個思想要佔有？什麼都屬於我的，同我都有關係，都抓來，生因、有因、取因，都從「行因」來，動念來的。「行」者動也，「行」從哪裡來？從「無明」來。所以行是果，也是因，因果同時。

比如講《易經》，有人學了《易經》，要算命卜卦，我說不要算了，還算個什麼。孔子在《易經》裡告訴我們一句話，「動輒得咎」，一動就有毛病。孔子告訴你，研究《易經》關於人與事只有四個字：「吉、凶、悔、吝」。吉、凶就是好的、壞的。悔、吝是半好半壞，也屬於好壞之列。所以有人做生意，說老師給我算一卦。我說算個什麼卦！反正做生意不賺就賠，你說可能不賺也不賠，可是你的時間被拖進去了，已經賒本了嘛。所以說是動輒得咎；行因來的，一念動就來了。從因推果，十二因緣的每一個內涵，都要仔細觀察。

普通人，不要追求無明的因，因為智慧不夠，如螢火之光，越搞越糊塗，不僅不能追求到無明的因，反而容易產生斷見或常見。莊子說，「吾生也有涯，而知也無涯，以有涯隨無涯，殆已。」這是同樣的道理。所以佛說，輪迴以無明為本。換句話說，無明最難懂，其餘十一支易懂。普通人，都是無明在作主。

「一切有支輪，無明最自在，自在力所轉」，十二因緣裡，無明最難懂，它獨立為主的，作了你的主。比如說，明日早晨起來，第一個思想是什麼，你知道嗎？不知道，這就是無明。無明一來，你就跟著轉了。伊斯蘭教裡有一個故事，是套用佛經的故事。伊斯蘭教的阿訇，佛教叫法師。一個阿訇在山裡修道，碰到國王打獵。有鹿帶箭逃走了，躲到了阿訇背後，阿訇穿大袍子，把鹿藏在袍子下面。國王追到這裡，問阿訇有沒有看到帶箭的鹿？阿訇不理。國王發怒了說，再不講就殺了你。阿訇開口了：你為何如此威風？國王說：我是你的國王。阿訇說：你是我奴隸的奴隸，欲望指揮了你，而我沒有欲望，欲望成了我的奴隸，所以你是我奴隸的奴隸。國王聽了就笑了：沒有錯，沒有錯。

「無明最自在，自在力所轉」，就是無明作了你的主，無明自在了，你不自在，你作不了他的主，我們成為一念無明的奴隸。無明的原因你找不到，無緣無故來的，它是無作之作來的。比如，你好好坐著，忽然來了一個念頭，你就跟著亂跑，你找不到原因。你真懂了無明，就會真的明白十二因緣了。

所以我說古道這篇報告很好，但是沒有深入。這就是帶領你們讀書，讀書要另具一隻慧眼。為什麼修白骨觀、不淨觀，還要研究十二因緣？是了生死用的。由果報上了解原因，這樣才會了解生死的因果怎樣來的。

現在一般學佛修道的人都犯了個錯誤，對阿羅漢，對佛，對得道人，怎麼怎麼……拿一點佛學知識就來論斷別人了，這個人不行，那個人也不行，自己什麼都不是，忘記了自己算老幾啊！都在倒果為因了。

第三，修不淨觀、白骨觀，是為了了生死，由果了因。

有問：老師，這是不是說，我們根本看不到無明，因為沒有這個智慧，所以根本是白談。如果知道無明，已經大澈大悟了。所以從不淨觀、白骨觀好好修，由此逐步明白。

南師：對。（古道師繼續報告讀經心得）十二因緣，剛才主要研究

「生」支到「有」支，現在研究「老死」這部分。

死亡有四種：「漸漸死、頓死、行盡死、剎那死」。漸漸死是整體來講，這個身體慢慢老化，以至於死。莊子講，方生方死，方死方生。當你出生第一天，已經開始死亡，第二天已經不是第一天的你了，二十歲的你不是十九歲的你了。所以莊子講，「不亡以待盡」，一邊活著，一邊等死，這是他的生死觀念。「頓死」是突然死了，比如心臟病發了，或腦溢血，這個人立即死掉。你們相信醫生關於死亡原因的論斷嗎？人死了，醫生檢查這個身體的機能停的部位，如停在心臟，就說心臟病致死，從結果來論斷病因是靠不住的，可是現在人相信。至於為什麼會發生心臟病或腦溢血的前因，醫生搞不清楚。

「行盡死」，行因在這裡就是壽命，壽命是動力，行者動也，動力完了，壽命也就完了，就像電源用完了，就停電一樣。「剎那死」，剎那是很快，一彈指六十個剎那。剎那之間，我們身內的細胞，思想的念頭，都在死亡。死亡這個現象，代表了生命的無常。什麼是無常？是講一切都在變化，無常是講原則，變化是講現象。佛家說無常，中國《易經》叫變易，變化。

無常有三種，「刹那無常，分段無常，種類無常」。「刹那無常」是隨時在變。如這個盤中的西瓜，看起來沒有改變，其實中間在變。「分段無常」，比如上午、中午、下午，夜裡、白天，十歲、二十歲、三十歲，一段一段都不同。「種類無常」，各種變化不同，比如泡個茶、抽支煙，飄出來的也不是水，也不是火，像霧像煙一樣，不同類的變化。又比如恐龍消失了，恐龍這一類動物滅絕了，種類不同也都在變化。如果認為今天的成就是大成就，那也是錯誤的，因為這個成就也會變去的，這就是無常的道理。

了解了死魔、煩惱魔，所以要跳出死魔、煩惱魔，跳出無常，就不怕生死了。最大的魔就是死亡，死魔還不可怕，最可怕的是自己的無明。煩惱是無明來的，煩惱是果，無明是因。所以要明心見性，打破無明。無明破了以後，大智慧出現了，光明自在了。無明破了，明相現前，等於電燈開關一打開，一切黑暗沒有了。得道以後，智慧的光明呈現，晝夜長明，永遠清明，乃至跳出了生死，沒有無明乃至老死了，成就一切妙淨相，所以叫淨土。

打破了無明，到了這個真明了以後，身心立刻轉變了，身體變成嬰兒一樣柔軟光澤，身體每一個細胞都起變化了。所以密宗講「虹光之身」，變成光明身體，猶如明鏡一樣。這個時候，一念清淨，身體變了，你定中對整個身體內外，五臟六腑等等，都看得清清楚楚。這樣修持的成就，叫作「於界得度」，跳出三界外，不在五行中了；也就是跳出這個界限，沒有限制了。

人類智慧有五種癡：「界、入、陰、卑賤、垢污」。「界」是地、水、火、風、空、識六界，都有限度，物理世界、精神世界都有個界限，邏輯觀念也有界限，你跳不出這個界限。「入」，色、聲、香、味、觸、法六入，是外界的影響刺激進來。「陰」，色、受、想、行、識等五陰，像黑暗一樣把我們的智慧蓋住了，使我們不得明淨智慧，對身心的細微變化運行看不清楚。「卑賤」，自己無能，不高貴。「垢污」是很髒。

這五種癡怎麼來的？因為沒有智慧。所以修行，或者是觀六界得度，或觀三界跳出；或者觀五陰、觀六入，修白骨觀、不淨觀，或者修安那般那。觀是能增功德，通過各種觀法得度。或者有些通通不修，觀第一義，當下就是，像禪宗一樣，就明白了。這些都是對治五種癡的法門。

這是講十二因緣，這樣搞清楚了吧？明天再看你的報告。今天因為你進步了，所以給你講清楚一點。你們只要肯努力，就有進步。好了，你們討論討論。

有問：有人煩惱受不了，就跳樓，以為一了百了。

南師：因煩惱而跳樓，以為死了就沒有了，是斷見。莊子說的故事，晉國有一個女子，被皇帝看中了，哭啊！擔心進宮回不了家。結果進宮做了妃子以後，享受那麼好，著實後悔當初那一哭。怕死也是一樣，自殺也是這個道理。

Zhang：老師，得定需要加行條件，我們這些忙於世事的人，好像現在條件還沒有具備。

南師：不是打坐就叫定，得定沒有條件，是唯心（心物一元之心）的。而且定有很多種，不要認為打坐就是定，當然依方法修行是有幫助的。

Zhang：在世間做大功德的人，是否也可以不打坐而進入定境？

南師：很難，也可以說不可能；那只是功德的成果，不算是定境。

僧問：達摩對梁武帝做功德的評價，說他沒有功德。

南師：有功德！那只是人天之果，有漏之因，並非究竟，大功德是阿耨多羅三藐三菩提。達摩祖師是引導他向大乘路上走，那是個方法。換句話說，你身為帝王，要求就求大乘成佛之果啊！你做的這些都對，但只是人天小果，有漏之因，並非究竟。梁武帝問，功德究竟是什麼啊？達摩沒有講。梁武帝又問，那什麼是聖人啊？答覆是「廓然無聖」，連聖人都沒有啊！梁武帝又問，那你不是聖人嗎？達摩說不是的。那究竟最高境界是什麼？達摩不給他講。

換句話說，你梁武帝，把天下治理好，天下太平，不就是大功德嗎？你搞這個，又吃素，又講經，還三次出家跑到廟子裡，叫大臣們花錢贖出，藉機給廟裡布施，你不把國家治理好，這是搞什麼呢？不把國家亡掉那才怪了。達摩講他是人天小果，已經很客氣了。

有問：梁武帝是不是想以皇帝之尊，在國家提倡佛法呢？

南師：其實梁武帝也沒有這個思想，他有這個思想又不同了，也不一定說一定會好。這是他晚年糊塗了，搞的是狹義的宗教信仰。一個大政治家，絕不搞狹義的宗教信仰。

《達摩多羅禪經》的譯者是印度人，到中國來，先學中文，再把這個經翻譯過來，所以我們很感激他。他死在中國，葬在廬山。

聖吉：當時的印度大師為何到中國傳法？

南師：他們看到印度已經不行了，唯有震旦有大乘氣象。中國當時叫震旦。

聖吉：應該在美國，乃至全世界，推廣宣揚中國文化。

南師：對許多印度的瑜珈大師，我勸他們學中文，學好了中文，搬回自己的文化和歷史。在中國宋朝初年時代，伊斯蘭教進入印度，印度文化就通通斷了。西方研究印度的學者，都不承認中國這一套。南傳佛法，東南亞一帶，是邊緣的一套佛法。玄奘法師留學印度，最後一次把印度精華的文化帶回來。約一百年後，印度這些文化全沒有了。現在中國自己的文化也斷層了，有問題。十年樹木，百年樹人，秦以後，到漢武帝才開始重建文化，已過了八十多年。

聖吉：印度人的故事，我的朋友親身經歷的，她是印度教的高級教師。她說，她曾與達賴交談。達賴問她，你為何相信上帝？她說自己當時的感覺是很恐懼。

南師：如果我是這個女的，我就回答說，我相信上帝，就像你相信佛。信念對任何一個人，任何一個生命，都很重要。就像無明這個第一因一樣，沒有信念，人活不下去。吃東西時，也是認為吃下去會舒服，最後是肚子痛。

第四講

內容提要

說止息
魚不認水　人不認氣
修行人的呼吸
出氣最重要
大勢至　無法擋
南北分歧
如何觀想

聖吉：一九九七年跟老師聽課以來，工作一直很忙，沒有真的修行用功，大概九個月前開始好一點。一直希望能夠達到止息，可是沒有辦法，呼吸只是可以做到比較細微一點。請問老師，有什麼方法達到止息的境界？

南師：所謂安那般那的修法，是利用呼吸開始修。前天第一次給你講，從嬰兒出生臍帶一剪斷，開始後天呼吸。後天生命的存在是這個風大呼吸支持的，這個呼吸不是究竟的啊！在我們生命活著這個階段，這個叫作長養息。所以，現在利用這個去修，第一要認清楚，問題還是在於念頭，思想一動，呼吸就跟著來；念頭絕對清淨了，才達到止息。你只在呼吸上求止，又加了一個念頭了，更不能達到止息了。所謂止息，關鍵是止心，不是呼吸的問題。

聖吉：一直也想多用時間來修行，比如一次修一週、兩週。在美國也有很多中心，有不同的方法，也打坐修行。但是我一九九七年跟老師學習了以後，就不想跟這些中心學了。現在想找時間，在家裡或另外找個地方，來認真修行。

南師：世界上修持的方法很多很多，差不多講修持這方面，最多的方法在印度。二千多年前，秦始皇時代，印度已與中國溝通很多了。有一點先要認識：不管呼吸也好，觀想也好，做各種工夫也好，道家也好，密宗也好，很多種方法，都是意念去做的；也就是思想這個心去做的。

安那般那修法歸納到最初，就是用生理上的呼吸，配合這個心來修持。你說想專修，剛才你這一點好像沒有聽清楚。修安那般那，能夠知道呼吸的也是心，能夠用這個方法把呼吸自然停止了，到達某種境界，也是唯心（心物一元之心）的作用。所以要認識心，不要光在呼吸上求止息，這個觀念先要搞清楚。這是第一點。

第二點，告訴你，呼吸這個問題，就是氣了。我們很明顯感到的是鼻子氣的往來，其實不只是鼻子氣往來。籠統講，全身十萬八千毛孔到處都在呼吸，可是一般人沒有認識到呼吸，等於魚在水裡認不到水。魚也在呼吸，那個水吸進來噴出去，魚在水裡面認不得水；人在空氣裡頭呼吸，認不得空氣、呼吸。比如你看大家都在忙，我們講話動作都靠這個東西，可是看不見。沒有高度智慧的人，看不見呼吸，只是聽人家講，理念覺得有個呼吸作用。有高度智慧的人，就會看清楚了呼吸。

我們普通人到什麼時候才知道呼吸呢？在枕頭上，想睡還沒有睡著，聽到自己呼吸了。在這個時候，越聽到自己呼吸，越睡不著了，失眠的人聽呼吸最清楚，平常聽不清楚，毛孔的呼吸就更不用講了。這是第二點。

第三點，如何止息？有很明顯的例子，看東西，很注意時，呼吸很輕微了，會停止，因為注意力集中了。還有，很害怕時，或者碰到很高興的事時，那一剎那，呼吸會停止。為什麼停止？因為你思想專一了，這是止息的道理。

結論：一個人的精神思想專注某一點，呼吸自然和思想結合在一起，這叫專一精神。一個科學家思考某個問題時，或者一個文學家寫一篇文章時，在集中思考的時候，呼吸差不多都停止了。

懂了這個原理，那你修行時，把思想念頭完全放空靈了，聽其自然，而知道自己呼吸往來，這個就是修安那般那了。然後思想完全沒有雜念，完全空靈了，這個呼吸慢慢充滿，它自己自然停止了，這個叫作止息。

呼吸的道理很深，剛才講的是粗的一面。你們有工作的人，一天在外面隨時緊張，那個緊張的情緒，就是思維最深的這一念。隨時緊張使身體內部細胞的呼吸都會停止，會形成病。我舉一個例子給你聽，這個例子很有趣，很實在。一個跟我學的年輕人，有先生，她也做工夫。她不想生孩子，先生怕她出家，想辦法使她懷孕了，她很不願意。懷孕後，她還在做工夫。到生產的時候，她不高興，就做起工夫來，把念頭專一了。念頭專一呼吸就停止了，結果胎兒不動了，生不下來。醫生覺得很奇怪，胎兒活的，怎麼不動了。她自己知道了，笑一笑，把念頭放開了，胎兒就生了下來。所以你們工作那麼緊張，隨時會使人生病、衰老，會破壞生命。一般人隨時緊張，也常常呼吸停止，這是走到破壞生命這一面去了。

要想修道，就把念頭空靈了，很自然地聽呼吸，隨時知道自己在呼吸。而且不加助力，不緊張，然後呼吸慢慢停止，與念頭配合了，這個叫修道，叫作工夫了。

如果是這樣做工夫修道，當然要專一來修。所謂專一，就是一切萬緣放下，像出家人一樣，專門在修。不過在家人很難做到；但是也必須有一個階段專修，再來入世做事。如果像你們普通在社會上做事，又想搞這個，必須經常要找短時間，一天、兩天、三天，或者七天，隨時在實驗，慢慢短期的實驗累積起來，這是初步的。平時各種欲念也要減少，否則很難思想空靈。

你了解了這些，想做呼吸想修定，注意哦！不要把觀念困在呼吸上；如要注意呼吸，就注意出氣（安那），而不要注意入氣（般那）。一般練氣功的人，犯了一個最大的錯誤，就是把吸氣當作一個東西抓進來，想保留住。其實剛好相反，想修道，或者想對身心有幫助也好，那是要注意出氣的，越放掉，越休息；這是最好的修行。所以呼吸法是達到休息定，完全放下配合的方法。例如人最痛苦煩惱時，或者很累時，唉……一聲，這就很舒服，因為把呼吸放掉了。你看勞動的牛馬，最疲憊時，唉噯，一聲呼氣，還是放掉，最舒服。所以呼吸法門要注意出氣，放掉那一念，把心念同出氣一起通通放掉，才最好，要體會這方面。不要以為把呼吸閉住了，停止了才對，那是完全錯誤的，會生病的，會變成精神的病，或者身體的病，那不行的，這些深入探討起來就很多了。

你問一個問題，我給了你這麼多答覆（眾笑）。你學過成本會計沒有？你只出了一塊錢，我給你很多很多（眾笑）。對了，人要笑，一笑呼吸就出來了，很開心，整個鬆了。你們平常都很緊張，你看印度塑的那個佛像都笑的，很輕鬆。一般人都很緊張，我說那是討債的面孔，一笑就放鬆了，就好了。

中國人有一句很好的修道經驗的話，「神仙無別法，只生歡喜不生愁」。修道想成神仙，沒有另外一個法子，只要一切煩惱痛苦都丟掉放開，永遠高興，這樣才會修成神仙。會不會成為神仙不管，至少可以冒充神仙，活得很快活（眾笑）。對啊！這一笑就好了。

聖吉：現在的布希政府，布希總統還可以容忍，副總統錢尼就沒辦法容忍，總是討債的面孔！不知道怎麼可以讓他放鬆？

南師：那只有一笑。這個就要仔細研究，西方文化由十七世紀以來，從法國到歐洲產生民主自由思想以後，演變到今日美國，這個是思想及文化演變的必然結果。一個事情到了最後的時候，緊到極點時，才會解脫開。你不要緊張，這個沒有辦法，你討厭也沒有辦法，它是個必然的趨勢，這就是大勢至菩薩的道理。

阿彌陀佛身邊站著兩位大菩薩：觀世音菩薩，大勢至菩薩。大勢至代表一個很大的勢力、趨勢，勢頭來的時候，好像瀑布一樣，你擋不住的。怎麼辦？觀世音，觀自在，站在旁邊觀察、觀照，自己不跟著它跑，這也是修行的道理。等那個大勢過了，新的局面會出現。

中國文化幾千年，必定會產生這麼一次的共產主義、社會主義，這是一個必然的趨勢。中國的現狀也並不是結論哦！你們美國的，現在中國的，都是整個歷史中一段一段的過程。像公共汽車開動，一站一站，都只是一站，慢慢變化吧。道家的道理，就是你看清楚未來的變化趨勢，就先在下一站等，現在是拉不回來的，不能急。

告訴你一個重大的問題，你們現在做的工作，這是現在的東西方文化特點，都在講經濟發展，尤其是中國拚命叫經濟開放發展。我都在笑，因為這都是錯誤的路線。這個裡頭，從十六世紀以後，東西方文化有兩個重大不同。中國文化思想認為，解決貧富差距，安定社會，要用好的文化政治來解決經濟問題。西方文化，從亞當．斯密的《國富論》，一直到馬克思的《資本論》，到凱因斯的消費刺激生產，都是認為要用經濟來解決政治、文化問題。這兩個不是矛盾哦，是兩個方法。

現在東西方文化的結合，造成今天全世界的人類（不止中國人），只向錢看。而且都在凱因斯的思想之下，消費刺激生產。要消費刺激生產，你的管理學也有得講了，就是說你的管理學很重要，也都在這個階段。如果要消費刺激生產，最好是天天打仗，打仗是最大的消費。

所以現在人類看不清，沒有一個新的思想，能綜合了這一切，領導這個世界。照這樣發展下去，是很嚴重的。

美國文化，布希、錢尼他們這麼搞，他們背後就是這些問題。我二十年前在美國的時候，哈佛大學一位社會學教授來問我，我也講過這個問題。所以人類現在是在迷糊之中。我常對中國人講，現在全世界的人類文明思想是四個東西在轉，所謂達爾文的進化論，弗洛伊德的性心理學，馬克思的資本論，凱因斯的消費刺激生產。除此之外，產生不出來一個新的思想。

當全世界都沉醉在這個裡頭的時候，清醒的人沒有辦法講話。所以我也不講，他們問我一概不講，沒有辦法，形勢就像那個水流一樣，挽不回。又如龍捲風來的時候，你拿個手來擋，那開玩笑，連自己的骨灰都被吹走了。要等龍捲風過了以後，慢慢來，只好如此。

所以你不要討厭布希、錢尼，他們是傀儡，背後是軍火資本家。這個資本家的後面，還有東西擾亂這個世界。你慢慢去找，只能講到這裡，將來再說啦！

聖吉同事：美國沿海與內地人的觀點不同，分歧越來越大，這次美國大選反映出來了。

南師：你是南方人還是北方人？

聖吉同事：我是美國西北人。

南師：布希等，這幾任總統都是南方人，美國的文化在東北部，北方人很不願意，所以美國現在還沒有脫離南北戰爭的階段。中國也一樣，還是南北之爭。我研究人類歷史，到歐洲一看，法國、德國都一樣，南部北部都有思想的爭論。我在美國時，還看到一個很有趣的現象，距現在大概二十年了。有一次元旦，我們在白宮前面，看到德州的州旗在前面，美國國旗在第二位，笑死了。最後白宮派人來交涉半天，才換過來。布希這些人是南方人，牛仔思想，沒有辦法的。

二十年前，我到美國，開始三個月內，天天看房子，由六萬塊錢一棟到三百萬一棟，看了多少房子。結果卡特政府時代的財政部長來看我，到我這裡吃飯。我在美國一樣，都是大家來我這裡吃飯。我怕到別人那裡吃飯，大家太客氣，搞了幾個鐘頭，喝咖啡，談話，吃飯。這位昔日的財長問我對美國的觀感，我說對不起，我才來三個月，只在看房子，沒有看法。他說你不要客氣，我們都知道你的，你講嘛。

我說，告訴你三個要點：美國是最富有的國家，最貧窮的社會，也是世界上負債最大的國家。最富有的國家是表面的，我看的每座房子通通在分期付款，全美國真正富有的只有幾十個人。你美國欠人家的錢，人家不敢要，因為你有原子彈。他聽了哈哈大笑說，你看的完全對。到現在二十年了，美國還沒有脫離這個範圍。

所以你不要怪布希、錢尼，他們站在美國的立場，不消費怎麼刺激生產呢？消費最大的就是挑起戰爭，莫名其妙！然後美國人都叫好。

你們美國高中畢業的學生，連報紙都看不通的，這個文化低落到這個程度，然後用的人才都是外國來的。這個政策很好，人家培養的人才，印度的，中國的，全世界的，到你們美國付低的價錢用上來，你們是這樣一個國家。所以彼得．聖吉你還生個什麼氣？哈哈！

聖吉：我要等下一站巴士。

南師：我等這個巴士等了八十七年啊，但是我還不肯上車。原來國民黨、共產黨，兩黨都是朋友，兩黨都想殺我，國民黨怕我是共產黨，共產黨怕我是國民黨，我都躲開。到現在這個公共汽車也沒有開穩啊，而且不像車子。美國現在幹什麼？在飆車啊，拚命飆車。好了，不要談了，談了這些，飯都吃不下去了。

聖吉同事：一年前，我在美國閉關一月，每天打坐四次，每次二小時。其他時間讀經、經行、念咒、觀想，想念咒一百萬遍，當時很緊張。聽了老師的話，心想自己的注意力是否用得太厲害了？

南師：注意力太厲害了，觀想就起不來；放鬆了，觀想就起來了。而且第一步觀想，不要觀實際的，你就先觀白度母也好，大日如來也好，先觀那個畫圖的影像，留個印象，初步這樣就可以了。你觀得起來嗎？

聖吉同事：觀不起來。

南師：這樣不對，你太用心了。你是哪裡人？

聖吉同事：美國加利福尼亞州。

南師：我現在一提，你對家鄉有沒有印象啊？

聖吉同事：有。

南師：對了，這就是觀想。所以你看了佛像那個圖案，這個印象你一留心就觀想起來了，越放鬆，越容易。你想把佛像觀成人一樣站在你前面，你太用心了，不行的。心越放開，他越清晰。你們一聽觀想，就拚命在那裡用心，那不對了。你心裡有你女朋友吧？你不想，也有那個影像，這就是觀想。六世達賴有首情詩：「肯把此心移學道，即生成佛有何難。」他觀想佛菩薩如你們觀想情人一樣，那個影像隨時留在心裡，就是這個道理，這是他的經驗。你輕鬆些了吧？

聖吉同事：是的。

南師：你們講到壽命問題，我給你們講講中國民間的觀念。民間觀念認為，人的壽命是北極星和閻王那裡管理的。做了一件壞事就扣一分，扣到勉勉強強只活個幾十歲。如果太壞了，他那個電腦簿就送到北極星了，北極星就通知，這個人該死了。當然北極星也不馬上通知，他轉到地獄跟閻王兩個對一對看。閻王那裡有個司法部長，叫判官。他把資料一核對，嗯，這個人該死了。不過檢察長說，不對，這個人還做了幾件好事。判官說，那再給他兩年吧。這是中國講善惡生死的觀念。

像那些出家修行的，閻王那裡有另外一個電腦簿管著；他修行得不好，念經念錯了一個字都記錄下來的。如果成道了，閻王、上帝都管不著了；如果沒有成道，還是經過閻王那裡。不過釋迦牟尼佛已經派了一個代表，在地獄那裡等他們的，叫地藏王菩薩。

你們西方人曉得一句話：「我不入地獄誰入地獄」，那也就是地藏王菩薩的願力。像他們沒有成道，到閻王那裡，閻王一看，不好意思，送到地藏王菩薩那裡。地藏王菩薩那裡有一個動物，叫作獨角獸。這個動物像狗一樣，頭上有個角，會刺人。你來了，不誠實回答問話，那個獨角獸就跳過來刺你，你說老實話，牠不動。中國唱戲的時候，法官戴的帽子上就有這個獸，對牠很恭敬的。所以他們出家修行的，哪裡偷懶了，都要在那裡補過來。

你要是寫一本英文的《中國人的宗教觀》，我就給你講清楚，那很有趣的。所以西方人不懂中國，美國人也不懂伊斯蘭教，中東除了伊斯蘭教外，還有些民間信仰，和伊斯蘭教講法完全不同。

所以中國所承認的上帝，是有差別的。佛教講欲界、色界、無色界，我剛才講的是欲界裡的一點事，高一層的組織又是另一個上帝了。印度瑜珈信的上帝是大梵天，是一神教的。但在佛學裡，大梵天還是色界裡的下層，最高層的色界上帝叫大自在天。

中國的宗教思想同印度的一樣，上帝作得不好，一樣會墮落下來，不是永恆作上帝。另外一個有道德的、好的就上去當上帝了，是絕對民主的，這是東方宗教的道德觀。現在介紹東西方文化的學者，沒有研究這個的，很笨。實際這種思想，真正講到了民主。民主與帝王獨裁之間，背後有個原則的，什麼原則？因果報應。善有善報，惡有惡報，你當上帝都逃不了這個原則。

照現在西方的天主教、基督教講的上帝，那是絕對獨裁的，好像他是製造因果給人家受的，他不受因果影響。這很有趣吧？中國產生了一部《西遊記》，裡面有個孫悟空。孫悟空取經以前，已經把閻王那裡猴子的生死簿勾掉了，閻王管不住他了。《西遊記》有英文翻譯的，你看過沒有？

聖吉：沒看過。

南師：孫悟空代表什麼？代表意識思想。他上帝也不怕，閻王也不怕。他是東勝神洲一個海島上石頭裡跳出來的，亂蹦亂跳。後來他去修道，他的師父是須菩提，佛的十大弟子之一，解空第一。須菩提很討厭這個徒弟，因為他不守規矩，不過他很聰明。不守規矩的，一定聰明。所以我說，老實就是笨，聰明就是滑頭；又聰明又老實的人，找不到的。

孫悟空很聰明，很調皮，很快學會了神通變化，但是沒有得道。結果他玩弄神通，師父把他趕出去了，告訴他在外面不准說是他的徒弟，如果說是他的徒弟，就把孫悟空的神通收了。須菩提同我一樣，不准任何人在外面說是我的學生。

孫悟空出來第一個就去找閻王，問閻王生死簿上有沒有自己的名字。閻王說有，結果他拿來都勾掉了，把那個電腦用病毒搞壞了，了了生死了，閻王也拿他沒有辦法。

後來他跳到海底找龍王借兵器，龍王打開武器庫，他都看不上，龍王只好陪他到海底最深的地方去看。他看到那個定海神針，又軟又硬，可大可小。那個海底在哪裡？在人的身體裡。這個世界，七分是海洋，三分是陸地，也等於人的身體，七分是水，三分是骨肉。

結果孫悟空把定海神針拿來，放在耳朵裡，就是這根金箍棒，可以上鬧天宮，下鬧地獄。這個東西每個人都有，就是男人那個東西，可以大鬧天宮；中醫裡有「耳通氣海」的道理。

孫悟空就是思想意識，配合這條棒，打亂人間。要把孫悟空（意識）收服了，修道變成佛，就很難了。所以他的法名叫悟空，明白思想念頭生滅無常，本來抓不住的，像水中撈月，所以他不再執著了。豬八戒代表欲望，貪吃貪色，能轉過來就是修道的能量了，所以叫「悟能」。沙和尚挑行李，代表帶著業障重擔跟著走；他叫「悟淨」，修行就是淨化業障。白龍馬代表氣，馱著唐僧一路取經，唐僧代表本性，所以是師父，取經代表修行修道。

這部小說寫的，就是東方文化印度和中國的宗教思想的系統，天人合一的東西。孫悟空保護了唐僧取經，路上經過了九九八十一難，然後成功了。每種磨難，代表了社會人生的一種現象。孫悟空對幾個妖怪沒有辦法，有個妖怪住在無底洞，代表了人的食道、消化道、排泄系統，也代表了我們的欲望，永遠填不滿。

西方人翻譯了《西遊記》，只認為是中國的神話故事，不曉得蘊含了印度、中國天人合一的宗教理念，裡面還藏有深刻的道理。

聖吉：西方宗教有原罪的說法。

南師：不該叫作原罪，給他們講壞了，不是罪過，是生命的一股力量，在佛學這個叫作業力。譬如男女飲食，要吃東西，或者性衝動，這個原動力沒有罪，不是好，也不是壞，是本能的活動。因為飲食、性衝動的關係，構成行為以後，妨礙了自己，妨礙了別人，就變成罪惡了。

聖吉：二十年前，有一些美國人在非洲中部烏干達等地工作，幫助當地發展。他們發現當地的黑人笑得非常燦爛，比南非人和歐美人都有很大不同。他們後來得出結論說，就是因為這些人沒有見過約翰．凱倫，才笑得那麼燦爛。約翰．凱倫是宣傳原罪的人，當我們知道我們是因為原罪生出來的，就笑不出來了。

南師：對啊，對啊。

第三章

二〇〇五年十一月十二日至十四日

十二日晚　漫談

內容提要

中國茶
倒爺企業家
誰是企業家
教育問題
信仰問題

南師：請坐，請坐。彼得．聖吉現在喉嚨不好不要講話啦！你坐著休息一下。等一下請你們喝中國的茶，日本人叫作「茶道」。我這個茶，一杯大概美金兩塊錢，這不是開玩笑是真的。你看中國人的喝茶，原來是這樣喝的。

你（聖吉）現在就吃下去那一包藥，等一下半個鐘頭就舒服了。另一包藥不要嚥下去，放在嘴裡含著，喉嚨就舒服了。

李女士，妳是發展研究中心的啊！另外這位外國女士(Amber)是黎巴嫩人，是彼得．聖吉的朋友，搞發展中的國家兒童網路教育的。好啊！最好提倡兒童背書，恢復十九世紀以前東西方教育方式，那時都是提倡背誦的。美國的研究資料出來了，背書，看中國字，對老年的帕金森病有幫助，而且增強腦的記憶，所以還是要恢復這個。

你注意什麼是茶道，衡山他泡給你看，每個程序都有一個道理的。到了日本，就故意擺一個臺子，還要穿上那個衣服，要慢慢喝，日本學起來就是那樣，茶道變成很神奇了。

喝到中國這個茶大紅袍，那是喝到頂尖了。喝了這個武夷山的岩茶，其他的茶都不想喝，都沒有味道了。你（彭）告訴聖吉自己體會，他不是喉嚨不舒服嗎！喝了三杯以後，他喉嚨就鬆了，會微微的出汗。

你（聖吉）看了廟港怎麼樣？放那個空拍的錄像給你看，（看廟港航拍錄影）總共是三百畝地，照我的意思設計的哦！將來旁邊還要蓋各種各樣的研究室。你今天去，還沒有走過迴廊，裡頭有十六種內容，那個連起三幢房子的迴廊，是準備下雪風雨的天氣，下了課大家可以在這裡跑步行香，練武功，打拳的，所以這裡錢花得很多。這個是用做企業的精神在做；不惜工本，不管花多少錢，都在這樣做。

李女士：我可不可以請教南老師一個問題。

南師：唉喲！什麼問題啊？不敢。

李女士：我做企業家成長調查研究，做了十幾年。在這過程中，我發現大多數成功的企業家，雖然取得了事業的成功，但並不感到幸福。

南師：沒有錯啊。

李女士：這樣，我們就想幫助企業家提高他們的人文素質，幫助他們把個人和企業組織變得有生命力，有活力。很想聽聽您的意見，有什麼辦法幫助他們。

南師：我的意見是沒有用的，不要聽我的。那是幫助不了的。我這是講直話啊！我的意見跟你的相反。

現在中國的企業家是病態的企業家，我們簡單地講，文化大革命以後，由一窮二白，突然開放了，什麼經驗都沒有，也不知道經濟；大家作倒爺，投機取巧，一下變成企業家。二十多年來，沒有真正的企業家，這是一個時代造成的，心裡都沒有準備，知識經驗也沒有。你說每個企業家發了很大的財，我看都沒有真正發財，都在玩空的。所以這個原因造成精神的痛苦，心裡是空虛的。換句話說，基本的教育沒有做好；關於企業經濟發展的教育知識，更沒有，都是突然來的。這不是管理的問題，不是從管理方面就能夠改正好的，必須從基本教育開始。可是你們的工作儘管做，都有用的。簡單明瞭就是這樣的意見。

李女士：今天上午彼得．聖吉在浙江大學演講時，他說現在社會上的人，很多都是經濟動物、經濟人，下面還有學生反對。

南師：因為他講的，學生聽不懂，我跟你也是講，因為你懂，一般年輕人搞不清的。不過我同年紀大的人也會講的，因為大家會了解。

所以我講現在沒有企業家，都在亂搞，而且，你們現在是隨便叫「企業」，中文什麼叫「企業」，大家已經不懂了。企業這個定義，以中文來講，做一件事業，做一個工作，前途有無限的希望，對社會是有貢獻的，而且是永久的，不是做了幾十年就沒有了，是一代一代相傳，那個才叫企業。現在沒有這個企業的觀念，只要開個公司，做個生意，怎麼去賺錢，就叫作企業，根本就是錯誤。所以沒有真正的企業家。

在抗戰以前，也就是在第二次世界大戰以前，中國還有些企業家，他做一件事情，做個生意，希望是永恆地做下去，那個是企業。現在企業是短命，只求發財，不是辦企業的精神。現在企業就是「短、平、快」，很快地賺錢回來，加倍，這個就不是企業了。

現在，我認為整個的中國，我不敢說是全世界，像東南亞、韓國，乃至馬來西亞、印尼、新加坡、朝鮮，沒有真正的企業家，都是要短平快，快賺錢，怎麼翻本；這個不是企業家，這是投機取巧。

投機取巧是正統的話，至於剛才說的「倒爺」，也不是投機取巧。倒爺這個名辭，是偶然叫出來的；是文化大革命以後，將開放未開放那個階段，有些膽子大的，還不知道開不開放，背個包包到處賣東西。民國時候叫作「跑單幫」，「獨行商」，古文叫「行商」，走動地做生意，共產黨把他叫作倒爺，投機倒耙的意思。其實這個很冤枉，他也不是投機倒耙，是為了生活賺兩個錢嘛！那個時候的共產主義社會主義之下，就覺得商人都是錯誤的，是奸商，犯罪的，所以叫他是投機倒耙，也是很不對的名稱。

中國文化什麼叫商？走動的叫行商。坐下來開店，辦工廠的叫「坐賈」，「賈」這個字唸「股」；合起來就是「行商坐賈」。

中國以前做企業的，是三批資本。譬如辦個工廠是十億，我準備三十億，這個工廠辦起來以後，準備永遠做下去。也許做個五十年，一百年兩百年，不一定，這是十億資本了。還有十億放在裡頭，工廠的貨品出去了，不是馬上收回的，要貼周轉金，所以也要十億，還有十億是準備金，萬一中間有起落，有失敗有什麼，還有個備用，這個才是做企業。

現在人做企業的，有個一萬塊錢，他說有一百萬，然後，向朋友借錢，最後是騙銀行的錢，借來不還，滾下去，滾得越大越好。現在報紙上說企業，哪個人有多少多少資產，我都不信，那是隨便畫數字的。最後倒了銀行，倒了社會，害了別人，這不是企業家。所以，中國現在有個「企業家協會」，我聽了就哈哈大笑，根本沒有企業家，哪裡有什麼企業家協會！

譬如這裡有兩位都是我的好朋友，都是做企業，都是有錢的人。但是，像我做廟港的事，一毛錢都不會靠朋友，也不靠銀行，也不靠社會，自己有多少就做下去，準備後面還要補充下去，不欠一個錢，也不借一個錢。假使折本，是我自己的事；假使賺錢，那是後面的事，不算數。企業是這麼一個東西，所以企業的定義就是這樣。

現代的人企業都談管理，最重要的是老闆本身思想、人品、行為，先要管理起來。一個老闆就是領袖，領袖要有領袖的修養，還有他的企業觀念等，包括很多很多，現在沒有一個稱得上是領袖的。這幾個都是老闆，跟我是好朋友，但是還夠不上稱為一個老闆的。

而且，現在的老闆多半是沒有自我管理，所以我也看不起，也看不起現在的碩士博士，我說你們讀博士幹什麼？讀出來給那個「不是」的用，那個什麼都不是的人，老子有錢，可以請一千個博士。

李女士：今天的許多老闆都沒有什麼可敬畏的，我看這幾位老闆都很敬畏您，喜歡被您管著。

南師：今天社會沒有什麼敬畏的，他們也沒有被我管，我們是朋友，因為我沒有做企業嘛！假使我做企業，我管他們，就不會對他們這樣了。

假使我做企業，也許生活過得也是這樣，我絕對跟他們是一家人一樣。但是，事情來了就不是這個態度，我會非常認真，你一點做不到都不行。譬如他們年輕同學跟在我旁邊，剛才泡茶的這一位，還有馬處長都是官哦，他辭官不做來幫我的，他們一點做不好，我當場就是「這不行，不能這樣」，那很嚴格的啊。因為我講他，責備他是對事，絕不對人。這件事過了，他們跟我還一樣，嘻哈哈說笑話。

一個真的企業家，如果懂了這個，就是一個可以作統帥的人，作真正政治上的領導人，這也就是企業家的修養了。

李女士：我知道這是您的魅力之一。

南師：我沒有沒有，如果我還有魅力，那就出去迷人了。譬如某董他倆夫妻，可以說是比較像樣的小企業家。我在美國的時候，他夫妻倆個也在美國，她是碩士，他是史丹佛大學的博士，在世界銀行做事情，很紅。他們兩個人跟著我，我在美國也是這樣，一個圓桌，也是一天到晚亂七八糟，中國人外國人都有。然後我們兩個談，我說差不多了，不要做了，你們帶孩子回大陸發展。可是他們兩個人到大陸發展很有問題哎！第一，他是臺灣人；第二，是美國史丹佛大學的整體工程經濟的博士；第三，她的爸爸是反共大員，是中將，正面反共的，真的專門對付共產黨；現在已和共產黨變成好朋友了。他們兩個有這三個身分，結果聽我的話，他們就回來了。

然後她回來中國，天天埋怨，上海怎麼不好，內地社會怎麼不好，天天罵。我說那你就離開中國嘛。「我不離開。」為什麼？「那是我的國家哎！」現在他們有幾個工廠，六、七千員工。我說你現在糟糕了，一個員工有四口之家，現在幾萬人靠你吃飯，你絕不能怕啊，一定要做下去。這已經不是做生意了，是給社會工作，這是一種企業的精神。

他也同聖吉一樣，講管理學的，你們還不知道，他公司裡翻譯幾十本管理學的書，我說你們翻譯了那麼多管理學的書，外面大家一套一套買去看，你看過沒有，他說一本都沒有看。他的公司有一部分人，專門講管理的。

某女士：公司這個辭在英文裡，就是大家、朋友在一起做事情。

南師：對，這個是公司，日本人翻譯是株式會社。你們做研究的儘管做，慢慢研究，永遠研究不完的。

現在不只是企業問題，所以我講兒童教育，現在年輕的這一代，已經沒有作父母的資格了，自己都不能作父母，隨便生孩子，教育都成問題。我講現在生孩子是粗製濫造，不負責任，也沒有教育。我這個話不算數的，因為我專門唱反調的，我講的是教育方面。現在我都公開演講，第一流的家庭的孩子，受的是最差的教育，兩個人都出去做事了，很有錢，把孩子交給保姆管，保姆程度都不夠的。

回頭再講管理，要從自己個人管理起。現在沒有辦法管理，全世界包括美國在內，一個大學畢業生考進公司做事，他要拿高薪，這是第一個目的；第二個目的，在這個公司學了半年以後，學會了就跳槽，到第二個公司；本來六千一個月，那邊七千五他就去了。到第二個公司又學一些，學會了以後，再到第三個公司，八千一萬一個月，他沒有誠心工作的。老闆也知道這個傢伙靠不住，但是整個社會都是這樣。

我們以前做事業，一個年輕人，進來做事當學徒三年，給他飯吃給他住，沒有薪水。三年後叫「出師」，等於畢業了，之後才開始有基本薪水，然後一年一年慢慢加。做了五六年以後，就有本事自己做了。

現在是每個碩士博士進來，嘿！在中國文化叫作人懷二心，思想裡頭兩個心，他是來掏你！不是幫你做事的。是一邊偷學東西，一邊要高薪，學完了就跳槽，沒有團結的心，這就是文化問題了。所以我講哲學的道理，人家說，社會是進步的；我說，很難講，以工商業發展來講，社會在進步，以文化，以精神文明來講，一代一代在退步。現在是工商業越發展，人文道德越衰落，以後更嚴重了。所以我在國內現在提出讀書無用論，教育也無用，改變不了人。而且，整個的世界將沒有家庭制度、沒有婚姻制度，男女不要結婚了，大家交交朋友拉倒。像你們說的，「結婚是錯誤，生孩子是失誤，離婚是大澈大悟，離婚再結婚是執迷不悟。」就是這個樣子。像你們都受了高等教育，會做飯嗎？會做菜嗎？那是電鍋做飯！這些基本的生活，越來越不懂，所以館子越開越多，吃飯在館子，洗澡在堂子（洗澡堂）……現在也是「五子登科」啊！以後就是這樣的。

你問我的這個問題，是很嚴重的問題。我亂七八糟地講，對不起啊！你這個工作儘管做下去，慢慢研究。所以研究最好了，我也想辦一個研究所，慢慢研究。

現在每個大學，都辦企業管理訓練，我說有些是借題目弄錢。現在我看全世界教育制度都錯誤了，一切都要反省，基本教育要重新恢復。現在由小孩讀到大學，已經不講學問了，只是拿學位來賺錢吃飯的。你說是一個標籤，用得好，你就是有學問，一點就通，我想不出來。文憑學位是標籤，真學問沒有了，這是很嚴重的。

網路兒童教育是教育人所用的技術，不是教育的根本問題，根本是什麼？是個問題啊！

譬如西方過去的歷史，拿希臘來講，一直到歐洲，到美國，過去的教育有個基本，是宗教信念。也就是一個信仰，如何作一個好人，事情不敢亂做，怕做壞了，上帝就處罰。現在這個觀念沒有了，拿什麼東西取代一個宗教信仰？拿什麼東西替代一個上帝的觀念？中國也有同樣的問題。

據我所知道，二十世紀初期以前，全世界每一個國家語言教育，都要出聲朗讀，都要背誦。二十世紀中期以後，全世界的教育都受了美國杜威的教育思想影響，變成現在這樣講實用主義。目前一般辦教育的，也慢慢反省到要重新恢復背誦了。

現在這樣的教育流行開來，所以沒有真學問，只有學知識，學謀生的技術和知識，把人道人心的本位忘記了，忘記了怎麼作一個人。

我交往的有些美國老朋友，到現在差不多都過世了，還有幾個老軍人，七八十歲的，他們對美國現在的教育也很擔心，他們認為完了！對美國的教育來講，就是宗教的問題了，十九、二十世紀以前，是天主教和清教徒的時期，那個教育非常嚴格，社會有個規範，現在宗教的教育慢慢退化了，非常自由，所以越來越不同了。

現在美國的文化，沒有一個中心，舊的推翻了，新的還沒有建立；中國也是這樣，歐洲法國德國也是這樣。譬如我在法國的時候，有個男學生是醫生，他們會講中文。有天晚上他說老師啊，我們帶您出去，不要有別人。我說做什麼？看法國女人的裸體表演嗎？他說不是不是，我們去拜一個最重要的東西，我們年輕這一代最反對自由與民主！

我說美國的自由民主，是你們法國販賣過去的啊！你們現在反對這個了嗎？他說對了，我們反對這個，討厭極了！他說我們要恢復帝王制度；晚上跟我去那個大廣場拜拜，不要跟人家講。我說那個是路易十六的斷頭臺哎！他說您來得正好，每年這一天有很多人去拜他！有三千多人呢！反對現在自由民主，因為把社會搞壞了。由這個說明一個道理，歐洲也一樣，就是說人的中心思想沒有了。

我在中國講的，今天四個思想領導了全世界，一個是達爾文的進化論；一個是弗洛伊德的性心理學；一個是馬克思的資本論；還有一個凱因斯的消費刺激生產。我非常反對消費刺激生產！消費刺激生產最後就是打仗，戰爭是最大的消費刺激生產。就是這四個東西擾亂了世界！歸根究底，不只美國、中國，全體人類都沒有中心信仰了。

還有，巴黎那個天主教堂對面的街道，你們都去過，那是喝咖啡的地方。那些鳥都飛到桌子上拉屎，人還一邊喝咖啡。我叫他帶同學到對面那所教堂去看，他說教堂裡沒有人，不要去了。我說這樣大的教堂沒有人啊！現在你們法國人不出家，不作神父，不作修女了嗎？他說很少了，大家很討厭了！西方文化原來的中心，就是天主教、基督教。現在宗教沒有了，新的東西沒有可以替代的。

某女士：美國有個新保守主義的勢力，提倡嚴格的道德行為。

南師：這個最初是猶他州的摩門教裡幾個人發動的，我曉得。但是也不能影響大局，沒有用，又形成一個新黨派而已，搞不成功。今天老實講，要靠科學了。

你（聖吉），後天我們談，現在主要是要靠新起來的認知科學與生命科學了，非常重要，所以我希望你趕快轉變。你下次來，就要給你講認知科學與生命科學了。你這個管理學大師一變變成認知科學大師、生命科學大師，那就行了。這個貨色只有本號有，世界上沒有，我可以吹牛給你講，吹牛哦。可是你要知道我快要九十了，你不買就沒有了。也就是中國的一句話，「過了這個村，就沒有這個店了。」

你搞管理比較成名，如果你轉過來，那就不一樣了。現在哈佛大學、杜克大學，還有其他幾個地方，正在研究認知科學。我看了那些資料，笑死了，那差得遠了！你（聖吉）不如在麻省理工學院走這個路線。目前來講，把認知科學與生命科學真正深入進去，至於變成另外一個什麼東西，就再說了。等廟港學堂蓋好了，如果真的要正式嚴格地學，要幾個月，先把唯識方面基礎了解了，再加上禪定的實驗，配合科學的研究。

十三日晚　漫談

內容提要

顏色聲音影響人
不同文化的困惑
生是生　命是命
時間　空間
人體生命的神奇
科學發展的影響

Amber：為什麼僧人穿的衣服是黃色的？

南師：僧人以前規定不一定是黃色的。釋迦牟尼規定出家穿壞色衣，把破舊了的衣服拿來補了穿的，不管顏色。如果修行，仍愛漂亮愛美麗愛莊嚴，就是有愛美的心，就不對了。黃色是後來緬甸帝王穿的，他們認為出家人最尊貴，就改成黃色，並不是釋迦牟尼佛規定的。

Amber：有學說認為，某人需要什麼顏色，就穿什麼顏色，看什麼顏色。

南師：這是中國中醫的道理，幾千年前就有了，顏色是配合心肝脾肺腎的需要，而且每一個人需要的顏色都不同。

譬如衣服，假使中國紡織業做出口外銷，黑色的衣服一定要加紅的，白種人不加紅不喜歡；中國人黑色要加綠的。這是大概如此，分開來就很細，每個人眼睛不同，喜歡哪種顏色，同他的身體健康都有關係。

現在最新的醫學，就是用顏色治病，在美國剛開始研究，還沒有完成。而且顏色同聲音一樣，配合大聲小聲，某一種聲音可以治某一種的病；中國講「聲、色」兩個字，這是一個嚴肅的科學問題。西方人學東西跟中國人不同，每個問題都很認真；中國人學東西常常文學化，馬馬虎虎，各有各的長處短處。

除了聲、色之外，味道也一樣，作用很強很強，不但留在記憶裡很強，有時候自己的記憶還會放射出來，還會製造出來顏色、聲音、味道。

彭嘉恆：他（聖吉）說行陰比較難明白。

南師：行陰難明白，識陰也難明白，當然行陰最難。譬如整個宇宙、太陽系、地球的轉動，整個物理的變化，一個小的分子的變化，都屬行陰。行陰就是動力，最初的本源。

Amber：怎麼樣可以把人類聯合在一起？

南師：這個很難。對這個問題，人類已經思想了幾千年，還沒有做到。四海之內皆兄弟也，這是《論語》裡子夏講的話；現在要說成五大洋內皆兄弟也。不過，他沒說鳥跟豬是我們兄弟啊，孔子的思想同耶穌思想一樣，釋迦牟尼佛的思想不同了，鳥、細菌、螞蟻都一樣，皆兄弟也。

有問：請問老師，什麼叫生滅？

南師：動靜，來去。

有問：那什麼叫生命呢？

南師：生命是人講的嘛！生配上命是講現在凡是活著的，不管動物或人都叫命。你問得對啊！生是生，命是命。佛學講生命，同儒家孔孟講生命一樣，現在活著的叫命；生是另外一個觀念了，宇宙萬有生長那個本能，是生生不已，那個是生。不過中國文化這兩個是分開的，普通連在一起用了。當然有生就有滅囉！這是原則。現在英文的生命科學，只是講一個動物活著的這個叫生命，不是我講的這個觀念。

這些都是學者講話，你們這個翻譯都是學者講話，我講一個最土的話你就懂了：像男女兩個衝動，那個是生；一直到最後出了精，那個就是命。大教主們，耶穌、孔子，有時候講話，最淺就是最容易懂的，到你們學者嘴裡越講越複雜了。所以你（聖吉）注意！打起坐來，那個翹起來，下面都在動，這個是生，是一股生機在動，生生不已，這是好事情，但是不要製造命了啊！

有問：那麼中陰身算不算生命呢？

南師：中陰身是對我們現有的生命而言，這個生命死後，還沒有變成六道中另一個生命以前，中間存在的階段是中陰身，也就是一個陰性的意生身。鬼是另一種生命，中陰身變鬼已經不叫中陰身，那叫鬼了。（按：六道是天、阿修羅、人、地獄、餓鬼、畜生）

有問：細菌應該是一個生命了。

南師：是一個生命。

某女士：我們常常自認為自己是一個生命，其實身上有無數個生命。

南師：那是的，我們身上的生命包括大千世界。所以中國的道家講，宇宙是一個身體，一個生命，同一個人的身體一樣。人的身體是個小宇宙，裡頭也有無數的生命、細胞。

有問：那麼一個國家也是一個生命。

南師：是，國家地區觀念都是人為的。本來是啊，一個民族，一個國家，一個家庭，一個星球，一個宇宙，都是這樣。中國的觀念，宇宙是兩個東西組成：「宙」是時間，「宇」是空間。中國佛學裡頭，宇和宙是兩個概念配在一起，是無數的空間配上無數的時間；英文的宇宙觀念是這個天地，只有空間，現在一提宇宙，都是英文那個觀念。

宇是空間，宙是時間；時間是連續的，但是時間是人為的、相對的，不是絕對的。時間絕對是相對的。要注意哦！舉一個例子，拿人的情緒來講，痛苦的時間，一秒鐘好像是一百年，至於快樂的時間一百年等於一秒鐘，這是感覺的時間。至於生命的時間，有些人活一百歲，有些人活十歲；有些生物，早晨生出來，晚上就死掉的；有些生物或者植物可以活一萬年。所以這個生命的時間，各個不同，也是相對的。

再說星球的時間，譬如說，我們佛學跟中國文化早就知道，月亮的一晝夜，就是我們的一個月；我們的半個月是它的白天，半個月是它的黑夜。太陽的一晝夜，就是我們地球的一年。另外有的世界一晝夜等於是太陽的一年，所以這個世界是無限大。那麼究竟這個世界是時間構成空間，還是空間構成了時間？現在還不能定論。

有問：空間也是相對的嗎？

南師：空間絕對是相對的，空間還不敢說沒有東西存在。真正的空裡頭，所有的東西都存在，等於數學那個零字，數學不論多少數的以前是一，一以前是零，零不只代表了沒有數，也代表了無限數，也代表了不可知數，也代表了非常奇妙的數，也代表很多很多的零。所以零不是沒有，和空一樣，即空即有，即有即空。

今天晚上並沒有說要給你們講這些啊！中國人賣膏藥，端個盤子來收錢啊！哈哈。這些都是將來廟港那邊開的課。

有問：鬼看見的空間與人看見的空間也不一樣吧？

南師：不一樣，一切生命像魚、雞、鴨、人，看這個空間，通通不一樣。不但空間不一樣，形象也不一樣。所以中國農村來講，牛眼睛那麼大，牠的視野像放大鏡似的，牠看我們人和外物比牠還要大好幾倍。鵝眼睛很小，牠看東西也很小，所以我們人過來，牠嘎嘎嘎要咬你，因為看到你比牠小多了。俗話說狗眼看人低，你穿破舊衣服，牠一定認為你是壞蛋就咬，穿好衣服牠就不咬；北方說的咬就是叫。

不要說鬼，就是小孩子跟我們大人的時間也不一樣，有時候他覺得時間蠻長的，他玩一下就累了，需要休息了，有時候他精神夠了，玩一天也不累，感覺也都不一樣。

所以我平常叫你們冷了穿衣服啊！你們說，今天三十幾度哎！那是根據外面空氣溫度的報告，而這個報告是上海臺的，可是上海分好幾個區，都不同了。有的沒有報告濕度氣壓，你還要知道濕度多少，氣壓多少，這兩個加上還不行，因為每個人感覺溫度都不同，我怕冷，他怕熱。你看某董事長穿一件絲綢衣服，他在那裡，不怕冷；我在這裡不行，要穿皮的了，每人感覺的溫度不同。

還有許多是環境或習慣的關係，就像沙漠裡頭長大的人同海邊長大的人，一定大聲音，所以我是海邊長大的，講話聲音大。

你們知道《華嚴經》怎麼出來的嗎？有一位龍樹菩薩，比釋迦牟尼佛遲五百年。他悟道以後認為，自己超過釋迦牟尼佛，他要作教主。後來感動了一個龍王，龍樹菩薩說，世界上佛經我都看過，也不過如此。龍王說，你沒有看過多少佛經啦！我帶你去看。就把他帶到龍宮去了。打開圖書館，叫他騎在馬上，只看佛經的題目，三個月還沒有看完。結果他帶出來一部《華嚴經》，一共十萬偈，中國翻譯成八十卷，這只是龍宮中《華嚴經》的萬分之一，這個叫作走馬看經題。所以學問是沒有止境的。因此道家的莊子就說過：「吾生也有涯，而知也無涯，以有涯隨無涯，殆已。已而為知者，殆而已矣。」拿有限的生命求無限的知識，這個傢伙是最笨蛋，是最危險了。

聖吉：我很想知道，老師覺得認知科學以後的方向應該怎樣？

南師：認知科學真要研究的話，不止是哲學，而是一個大科學了，這是最高的一個。一切的眾生，不止人，這個知性哪裡來的？最初怎麼動的？不但是只講理論，還要拿腦科學，腦醫學，同一切醫學，以及物理化學等等，配合起來研究，也就是以前的哲學的知識論。這個知識思想究竟是怎麼來的？現在說是腦的關係，其實不是腦啊。

譬如她（女居士）五六年前腦子裡長一個瘤子，醫生打開腦殼把瘤拿掉。今年美國發明一個最新檢查腦的儀器，她順便去檢查一下，發現又長出一個瘤。她在電腦上查到，美國史丹佛醫學院發明一個最新的儀器，叫數碼刀。她夫婦倆就去了。手術是打激光針，不要開刀，就在頭外一寸左右的空中打激光，打一百三十八針。

美國醫生認為，理論上這個病人不會有感覺的。但是她每一針都有感覺，曉得一下嚇……到這裡，一下是到那裡。最後醫生問她，你沒有感覺吧？她說每針都有感覺。醫生不相信，不過看她一切都正常。你們注意，醫生是在頭外面用激光針打的哦！不是打在身體上。所以就是這些情況，我現在沒有給你們做結論啊！

譬如很多年前，我在美國看到一個資料，一個人的腿切斷了，可是這個沒有腿的地方，每每覺得仍然疼痛難過。所以那個醫生，每個禮拜也在那個空的地方給他打一針，他就舒服了。這些資料很多的，所以生命並不完全像目前人類科學所知道的。這是兩個資料了。

香港有一個眼科的醫生，最有名，還是中國的院士，是國家第一流的醫生。這個醫生也在研究這位女居士的問題。她戴隱形眼鏡，有幾百度，可是眼科一檢查說，你是個瞎子哎！證實近視到一千兩百度，怎麼戴七百度的眼鏡能看東西呢？真的喔！這都是她最近寫給我的報告，可是她有時候做事，隱形眼鏡還拿掉，照樣看東西，一樣做事。所以這個眼科醫生也奇怪，問她怎麼看的？她說我一輩子都這樣看啊，並沒有覺得不對啊！這是第三個真實的資料。

我們都知道，眼睛的主要視覺神經在後面，前面是眼球。要真的講起來，不是眼睛在看，是那個心在看。所以佛學的《楞嚴經》「七處徵心，八還辨見」，首先提出來講心，其次是講看，多次討論，看見的見，什麼東西能夠看見？我們眼睛看見的最初功能是什麼？這就是認知科學的問題了。

現在我們講她這個例子，她的眼睛比我們都好。我在香港時，有一次我一件很好的衣服破了，我叫她拿到街上找人繡補，結果她拿到我的衣服就笑了，她說找不到人補了，她自己來。她從小跟媽媽學過繡花，什麼都會。結果她給我補好了。你說她的眼睛，還能夠做這個！老實告訴你們，她現在打起坐來，有些你們看不見的東西她都看見，不過不跟你們講。

所以，將來在廟港講生命科學、認知科學，真開課的時候，不是跟一般人講了。一般學佛的，多數學佛打坐修道的，普通知識都不夠，科學知識更沒有。

現在這個世界文化，今後一定追求認知科學、生命科學，所以你這位管理大師趕快轉到這一面來。現在轉到這個上頭來，你是一馬當先，先領頭了。不過昨天跟你講過，只此一家有貨，別無分號。如果這一家倒了，死了，就沒了，買不到貨了。

拿這位女居士來說，這是一個現實，這個現實很奇怪，所以我這兩天笑她，她這個人，全身都不是東西，真的，你摸摸她的手，她的手比豆腐還要豆腐，她內外一切都不是東西，好像不是人啊。結果還生出兩個孩子，奇怪吧？這個是生命的道理了，所以生命是非常神奇的。

以前，她在房間裡打坐，她老公在另外地方，看到老婆的房間燈開著，進去一看，燈沒開，是她放光了。還有，以前她睡在床上，自己會離開床一尺高，在空中這樣睡覺，還可以翻身。一般人如果到這樣就不得了啦！吹起來就是大師啊，大字上面還點一點，就是犬師啊。她不稀奇這些，她自己也知道這些不是道，不是究竟，這些都是境界，一個過程，一個現象。

現在舉很多的案例來說明認知科學、生命科學，但是這些案例，還不是究竟的，還只是現象。所以，研究生命科學、認知科學，不是美國這樣搞的。美國現在搞的生命科學，追尋那個投胎，追問究竟有沒有這回事，錄了很多的錄影帶，要真的研究認知科學、生命科學，慢慢來了，這些事講講好玩罷了。

有問：老師，道家講人的根在虛空……

南師：哪一本道書講的？那是我講的！不是道家講的。那是我的祖傳，你隨便把我賣給道家了，呵呵……

聖吉：跟達賴喇嘛一塊做事的那些科學家，有幾位都是我很好的朋友。不久以前，他們在麻省理工學院有一個公開的論壇，也請了五六個喇嘛，大家談認知科學。可是喇嘛和科學家雙方一直沒辦法溝通，雖然兩方面都很誠意，可是對心究竟是怎麼一回事，雙方有很大的分歧。

南師：我看了覺得很淺薄，談不上了。因為這些學佛的，講句實在誠懇的話，他們本身的佛學，沒有融通。其次，關於修持，根本最基本的還沒有到達。第三點，因為他們不懂西方文化科技思想的習慣；反過來說，西方人對這一方面也都外行。所謂習慣，就是他們各講各的，兩套方式溝通當然困難，何況還要求實證。程度也不夠，做不到的，這樣討論不會有結果的。

尤其這些和尚、喇嘛，沒有學過西方的哲學，邏輯也沒有好好研究過，他不懂人家思維的方式。自己的思維方式嘛，只照佛經上那個習慣來的，根本沒有融化，怎麼溝通啊？沒有用的。像我們現在講話，你看我講到最後，怕你們不明白，只好說什麼翹起來啊，什麼的亂講，你一笑就懂了。這是思維方式的問題。

人類有個基本語言，譬如兩性的關係，譬如吃東西會飽，這是基本語言。你用這個一表達，他就了解了。兩方面東西文化溝通，也是這樣，一個拚命講刀叉，一個拚命說自己的筷子怎麼好，那永遠搞不通的。

Amber：那我們怎麼辦？

南師：等於吃那個蝦子，你不要用筷子，趕快用手來拿，吃飽了就曉得是什麼味道。所以說，不能被形式拘住，每一個民族，每個文化、思想，都有一個習慣的形式，不能被習慣形式困住。丟了形式就很容易溝通了。

我有個法國女學生，叫戴思博，你們在法國也許碰到過她。她與丈夫到中國來看我，她丈夫一句中國話不會。有天晚上沒有回來吃飯，我很擔心。他後來回來了，說到中國館子，也吃了蛋炒飯回來。我說有人給你翻譯嗎？他說沒有。他告訴我：不曉得是我聰明還是中國人聰明，我進去告訴他們，咯咯咯咯，咚，喀嚓，嘩，喊……（眾笑），他們就知道我要的是蛋炒飯。

有問：喇嘛們用佛經的思維方式，也是很好的啊。

南師：他本身很好啊，跟外面溝通就不行了。不只是思維習慣問題，還有很多，語言習慣，表達習慣……，教育不是那麼簡單的。很多照佛教教育方式出身的，其他的學問理都不理，更不曉得別人是怎麼樣的。

Amber：學西方科學的，如果想要溝通的話，又要研究一點佛學，我們要學那麼多，那怎麼學得過來呢？

南師：不會的，不會的。

彭嘉恆：一般來說解釋佛經，都是以經解經，都是以這本經解那本經，以那本經解這本經，不敢用自己的語言來表達，別人看了很難懂的。老師是用大家最容易懂的語言解釋佛經，看了就比較容易懂。

南師：譬如有人學物理出身的，一講就是愛因斯坦怎麼說，那個不是愛因斯坦的，他就不知道了，這個就是習慣，思維的習慣，表達的習慣，有個範圍侷限了。

聖吉：這是溝通的問題了。西方人認為外部世界是物質的、獨立的客體，和人類自己彼此沒有溝通的。下一步，應該是我們跟宇宙的關係，它不是一個獨立跟我們沒關係的宇宙。

南師：對，這個是東西兩方面看起來的矛盾，東方的文化是向內走，西方文化是向外追求，其實兩個是一體的。

聖吉：美國有些受過很好西方教育的印第安人，和一些科學家、物理學家，組成一個學會。他們介紹說，印第安人本身也是有科學的，但是跟西方的科學很不同。印第安人認為外界的物質也是有生命的，西方一般科學家認為物質是沒有生命的。印第安人認為人類與宇宙可以平衡生活在一起，外面的世界也可以因此而互相利益，互相活得好一點。而西方科學在研究外面的東西的時候，是想怎麼樣利用外面的東西，而不是怎麼跟外面平衡。

南師：沒有錯。

聖吉：有趣的是，現在資助他們這個研究的，是美國國家的一個科學研究基金。為什麼他們要搞這個項目呢？因為那些印第安人的孩子，被西方人逼去上西方的學校。而這些西方學校基本上都是以歐洲為中心的，不論在澳大利亞也好，在美國、加拿大也好，那些印第安人、土著的孩子，覺得在西方學校學的東西，跟在他們故鄉學的東西相差很遠，很多時候他們都沒辦法適應，所以這些孩子就常常喝很多酒，想麻醉自己。

南師：現在東西方走的路線，矛盾也是一樣的。現在的中國人也要變成不是中國人，而是西方人了。就是這一代的中國人莫名其妙了。我們坐在旁邊這些中國人，是莫名其「廟」裡頭，又莫名其「土地堂」的；土地堂，比廟還小一點，最小了，哈哈。

所以今天的東西方，基本是唯物觀點發展的，同唯心觀點是分開的。現在把兩個分開，認為是矛盾，搞得全世界茫然地活著。其實兩個是統一的，譬如你剛才提到美國的文化，是以西方文化為主，西方文化以歐洲為主，從希臘這個系統過來的。雖然希臘原始的文化也是心物兩派，互有爭論，但是還是一元的，還是一體；到後世慢慢完全分開了。今天歐洲文化乃至美國的文化，就是所謂唯物的代表，是完全唯物向外發展的路線，唯心方面已經完全拋棄了。

西方文化為什麼衍變成這樣呢？因為第一、二次工業革命，工商業發展，科技文明進步，西方人自己也迷糊了，就是佛學一句話「向外馳求」，像跑馬一樣，拚命地專向外面跑了。現在是第三次精密科技的產業革命，更嚴重了，人類更迷糊了，都是向外馳求，沒有回轉來。將來他們會回轉來，所以我希望你先學會，再把他們拉回來，不是拉回來，而是站在前面等他們了。

所以叫那些喇嘛和尚來談這個，他們也不懂自然科學，也沒有這個知識，什麼工業革命，什麼什麼他都不清楚，沒有辦法談，醫學也不懂。

聖吉：現在很多科學研究，在喇嘛打坐時，用儀器測量他們的腦電波、心電圖。

南師：可以，應該做測驗。但是應該先明瞭受測者的程度。我都被人家做過測驗，把腦電圖、心電圖儀器戴在身上，我告訴他們，現在我在思想，你看心電圖怎麼樣，現在我不思想是怎麼樣。如果一個人本身沒有這個科學常識或者禪定的深度，叫他做測驗也不會有結果。

如果照我的理想，將來在廟港做測驗能有一種儀器，假使一個人打坐，這個儀器就顯出顏色來。如果這個傢伙心裡想一個壞事，儀器馬上顯示黑色、藍色；他想的好事，白一點的光或黃光就顯出來了。用光學、聲學都可以測驗的。

這個測驗並不是測出是否有道，或工夫，而是瞭解心念的作用，如何進入三摩地的定境界，怎麼超出物理的侷限。這個科技現在還沒有，要能做到這樣才好，這也是將來的文化溝通方法之一，屬於生命科學、認知科學的研究了。

其實全人類也想這樣走，可惜想不出來一個方向。而這個只是講科技方面，如果把這個心物道理搞清楚，會影響社會科學，影響政治思想。你（聖吉）是講管理學的，其實整個的政治體制就是一個管理學。

聖吉：以前和我來的那個德國人，我們一起談過，現在的科學研究都很難有什麼成果，因為現在科學研究大部分都是公司給錢，都是要利用研究賺錢，因此也就沒有辦法實實在在地、很好地做研究。另外，以前也有很多人研究，如何配合星星的移動去蓋房子，把最好的宇宙能量吸收進來。

南師：對，這是個大問題。所以美國現在政治背後就是商人指揮，錢在指揮，通通是商業的行為，這是錯誤的。美國現在的政治禍害也出在這裡，也是美國將來的一大禍害。所以昨天我告訴你，中國沒有真的企業家，就是這個道理，都是商人賺錢的目的，「商人重利輕別離」，這是白居易的詩，表示利是第一重要。

今天世界的學術研究，也被商業行為霸去了，中國現在也走向這條路。因此各個大學教育，我都看不起，連老師、學者都是為了錢，已經沒有學者的氣味了，這個風氣我們要把它變過來。

某女士：老師，是不是自古以來就是這樣，人為財死，鳥為食亡？

南師：不是，自古以來不是這樣的。

某女士：司馬遷也說過，「天下熙熙，皆為利來；天下攘攘，皆為利往。」

南師：司馬遷那個話是諷刺人的，不好點穿。這個問題就是社會的演變史了，由第一次第二次工業革命，發展了工商業、發展了科技，是好事情。但是，也變成了商業的發展，全世界化的工商業競爭，他們忘記了根本。工業革命，因為學問、知識、科技的指導，使他們發了財，結果大家都向錢看。等於倆夫妻都是教授，大學問家，生了孩子以後，專門管孩子了，跟著孩子在跑；孩子又跟到下一代孫子去跑了，結果老的都沒有用了，被孫子他們玩掉了。所以回轉來，我們還是要做主動，不隨這些孩子們亂跑。

我常常說，物質科學的發展，精密科技的發展，是工商業的進步，給人類帶來了生活上許多便利，但是，並沒有給人類帶來幸福；換一句話說，精密科技及工商業的發展，反而給人類帶來更多的煩惱，沒有帶來安詳。所以我們要建立一個新的人類文化。

應用科學的發展、精密科技的發展成果它本身沒有錯；至於如何使用它，才給人類帶來安詳，帶來生命的安定，這是很重要的題目。不過你（聖吉）還願意聽我講，已經不錯了。

明年假使有機緣再來，我還要通知法國那個學生戴思博，她也想來聽，還有德國的學生，要就一起來聽吧。

Amber：我能夠貢獻什麼嗎？

南師：你貢獻很大啊！你能夠聽就是一大貢獻了。我是個神經病，彼得．聖吉是個瘋子，神經病跟瘋子講話，你能夠聽就已經了不起了。你小的時候受過猶太教育嗎？

Amber：沒有。

彭嘉恆：她(Amber)說她學過一點猶太的神祕學，跟其他地方的傳統有很多相似的地方。

南師：對對，同中國古代的文化，同印第安古代文化很多相同，不是類似，很多幾乎相同。

某董：老師，您剛才講認知科學、生命科學會影響到社會科學、政治思想，我還是不大懂。

南師：我剛才說，心物一元這個道理搞通了，會影響社會科學、政治思想。

某女士：為什麼？

南師：那要上長課了，好像王勃的〈滕王閣序〉，長篇大論錦繡文章，不是一言兩語的，大原則你想一想就會懂。換句話講，剛才我們談的，真的搞通了認知科學和生命科學，不要說文化溝通，用西方的文化觀念講，還可以真正做到自由與民主。不是美國今天那個民主，那是狹隘的，缺少了一個博愛精神，就是佛學講的慈悲。

我說幾個聖人開的都是藥方：中國孔子開的藥方是忠孝仁義，就是說中華民族不忠不孝不仁不義，到現在還是如此；印度人階級觀念重，所以要慈悲平等，就是佛開的藥方；西方人很狹隘，所以耶穌開的藥方要博愛。看了聖人開的藥方就知道東方人、西方人的毛病，而且這幾個毛病，到現在就是人類的禽流感，比禽流感還嚴重。這幾家聖人的藥，大家都沒有把病治好；不但沒有治好，而且還亂吃下去變成癌症，要開刀。

第一講

內容提要

再說息

長養氣　報身氣　根本氣

風　喘　氣　息

南師：彼得．聖吉的報告我看過了，知道你現在的修持狀況。這些旁邊的人都是隨緣旁聽的。先喝茶，吃東西吧。

聖吉：沒關係，無須避開什麼人。我的報告中有幾個問題，第一個就是安那般那的方法問題，我還認不清「息」是怎麼一回事。

南師：安那般那是梵文，不是現在的印度文，印度現在的梵文也是拉丁化了的梵文，不是古代的梵文了。印度當時的語言文字有幾十種，佛經當時主要是梵文記載的，不是現在講的巴利文。我今天徹底地講清楚，希望你在領導美國向認知科學、生命科學研究的方向上，作個創作學派的人。

「安那」「般那」是兩個發音，是兩個意義；中國的翻譯，安那就是出氣呼出去；般那就是吸氣，吸進來，這個是以人類來講的。一切生物，包括一切的動物、植物，也是有呼吸的，進來，出去，對生物來講，用這個名稱。對人來講，就偏重於呼吸了，一吸一呼，一呼一吸。對宇宙來講，不是安那般那，是一動一靜，動靜和生滅，兩個名稱不同了。宇宙萬有生起來，又沒有了，沒有了又生起來，波浪式地跳動；它的現象：起來是動，滅就是靜止。在整個的物理世界，就是生滅、動靜。

這個翻譯時要注意，這裡沒有《漢英佛學字典》；這部字典有些辭語創作了以後，作者在序言上面說，這是開始嘗試的，希望後人能夠改正，所以也不準確；你現在翻譯要準確一點。

回轉來了解，對人的呼吸來講，安那般那就是一往一來。要了解這個，必須從所有佛經，從密宗顯教研究。所謂密宗不是達賴這一派，達賴這一派是後期的，是明朝以後，不過才五百年；西藏真正的密宗是一千四百年前，唐朝那時開始的，紅教開始的。不論密宗、顯教，真正祕密的修持都在安那般那上面，禪宗密宗都是這樣。但是，所有佛經上面，都沒有說清楚科學道理。這是一個很嚴重的問題。

這個時候佛教還沒有來中國，簡單用老子的兩句話：「天地之間，其猶橐籥乎」，這就把原則講清楚了。你在美國小的時候看過風箱嗎？（聖吉：看過。）拉風箱，「喊咕喊咕」，這個風吹進去，火就大了；一拉來，這個火就小一點，中國土名叫風箱，在《老子》的文字叫「橐籥」，他說整個的宇宙有個生命的力量，一呼一吸，一生一滅，一來一往，就是嘁咕嘁咕。我們現在活著的生命，是靠鼻子這個風箱口，這樣呼吸著。

所以老子講，天地之間，宇宙在呼吸，地球也在呼吸，太陽也在呼吸，萬物，譬如植物、礦物也在呼吸。植物的呼吸，同我們人不同，如果喜歡坐在森林裡頭，是很危險的；幾乎所有的植物夜晚放的都是碳氣，白天放的是氧氣。所以修氣的或者運動家，晚上在森林裡，以為呼吸新鮮空氣，是錯誤的。這個原則先了解了。

佛教人修安那般那，剛才我講過的，禪宗與密宗修定，都是用這個基本方法。但是呢，基本方法到現在為止，據我所知，不管修禪修密，真了解的，真達到的人沒有，因為第一步認識都不清楚。

道家道教後來發展，有一個咒語，是佛教進來以後，仿照佛教很多的形式而成的，當時佛道兩個文化對抗，後來道教有個很偉大的基本咒叫金光咒，開頭有兩句話講這個就很清楚：

「天地玄宗」，整個天地是很微妙的。「萬氣根本」，這個氣，安那般那呼吸，有萬種不同的氣，它的現象有一萬種；萬種是講大概的數字。譬如現在科學來講，氧氣、碳氣，等等。「天地玄宗，萬氣根本」，引用這兩句話，先作一個基本的了解。

所以萬物都有氣，各個不同，其實氣就是生命能。譬如有相當修持的人，譬如有兩個人，如果旁邊的人有病，放射的病氣味道不同，她們早就感覺，坐在旁邊很難受。萬物都放射氣，所以她常常說，老師，你趕快抽煙吧！我就知道某一個人有病，在我前面，她讓我用抽煙抵住。我說，不要怕，我已經習慣了，都把它變化了。

所以聖吉剛才你也問安那般那，到現在你還不清楚，可見你是一個真正的學者，你研究得很認真。這個問題問對了，很對，一般人粗心大意的，包括這些喇嘛，一些正式修的人，都沒有搞清楚。

佛告訴你，修安那般那首先要有個認識，生命的氣，大原則分三種：「長養氣，報身氣，根本氣」。

第一種，長養氣，這是中文的翻譯，就是使人活著、成長，就像是植物的肥料，動物的飲食一樣，保養你，使你身體有生命的新陳代謝。「新陳代謝」四個字，就是安那般那；死亡的細胞從毛孔排出去了，新的細胞生長，其實就是安那般那；這屬於長養氣。我們的一呼一吸，就屬於長養氣，成長、保養，「長養」兩個字，就是這個意義。所以大家看了中文，以為就懂了，其實沒懂。

關於長養氣，這個內容詳細講很多啊！是個大科學。長養氣裡頭又分四層：風，喘，氣，息。

先講風，風是基本的原則。風，在中國講，就是氣流的氣，在人體內變成呼吸了。人的呼吸是第一位的，所以風是第一位。

喘，譬如我們的呼吸，一般呼吸叫「喘」，喘氣的喘。有一種呼吸道不好的病叫哮喘病，一般普通人，身體都不夠健康，也有輕度的哮喘病，呼吸只到喉嚨，到肺的這個表層為止。呼吸有聲音的，尤其睡眠的時候，靜下來聽得很清楚；感冒鼻塞時，那個聲音更粗了，這屬於喘。喘是外風和身體內部的風，互相矛盾阻礙，互相爭鬥，為了打通氣的管道而發生的。所以講到這個，不是這樣簡單的，要腦科醫生參加，等我們儀器到了再談。所以一般呼吸，是由鼻腔呼吸；鼻腔這裡頭很多的脈，等於現在講神經，很細很細，有幾百種脈。修到能在某一個部位呼吸，那就不是用鼻腔，只靠這個部位呼吸。你拿一個骷髏來看，鼻子這裡有個洞，三角形的，這個邊上在呼吸。這是大概講，還不詳細給你們講，你們還不到那個程度。

所以人年紀越大，氣越短，到死亡的時候，這個氣只到喉結這裡，這個喉結骨頭鎖住的，最後，越老越緊縮，完全一縮就斷氣，「呃」一聲，就死了，長養氣沒有了。

聖吉：我在醫院看到，我父親臨終的時候就是這樣的。

南師：是啊。這個喉結尤其要很注意，這個地方同女性的下部恥骨一樣。女性生孩子，骨盆擴大，骶尾關節後移，恥骨間的纖維軟骨拉開（有些認知不同），所以很痛，孩子出生一個月後慢慢再復原。所以長養氣，你用功到了，喉結打開，對壽命也有控制的作用了。

所以要修氣，否則年紀大了，喝一口水都嗆到，會死的，因為喉結越縮越緊。所以喉結要打開才行，當工夫到了，這裡會打開，然後呼吸在腦了，工夫是到了，最後是腦頂打開，這是講工夫到了的時候。一般人容易衰老，坐在那裡會低著頭睡覺，頭腦昏昏，以為沒有睡，其實都睡了，因為腦的氧氣不夠了，剛才我們那個大爺就打呵欠了，腦袋氧氣不夠了。

這是講長養氣的階段，喘屬於風大的作用。長養氣是生命的功能，同地球的大氣層連帶的。所以，假使超過高空，在大氣層之外，這個氣就變化了，那個是真空，所以太空人要受訓練的。假使不帶氧氣到太空，超過大氣層外面，只有得了四禪定的人，也許沒有關係，也許哦！因為不需要長養呼吸安那般那了。

長養氣，第三步是「氣」。氣的階段不喘了，譬如修定的人，靜坐坐得好，好像感覺鼻子沒有呼吸，或很慢很輕微來往，這個屬於氣了。所以修持方面講的氣，不是現在美國翻譯的那個。當年在美國，我說這個「氣」翻不出來的，就是這個道理，因為不是普通空氣的氣了。中國古代是這個「炁」，「无」字下面四點，無火之謂炁，好像沒有作用，可是還有往來，很久很慢，偶然有一下往來的作用，似乎沒有感受，沒有風、沒有喘，那個叫作氣了。這是拿人來講的。

再進一步，就是「息」，你剛才問什麼是息，你認不清楚是應該的。這個息，接著剛才說，是很微細的進出往來，氣都沒有，身體內部的障礙通通沒有，沒有痛苦難受，痠痛脹痲癢等等感受一點都沒有，完全寧靜，好像一點呼吸都沒有，而是遍滿全身。然後感覺每個細胞乃至九竅，頭上七竅，加上大小便的二竅，全身每個細胞，自然都是往來充滿了，好像跟大氣，虛空相通了，那個就是「息」的境界。這個我從來沒有講過，因為眾生愚昧都不懂。

講到這裡，有人問我一個問題，這時要藥幫助嗎？這是個問題，其實從開始修持，最好懂醫藥。學佛的，學神仙丹道的道家，是注重藥物幫助的，這一種幫助叫助緣，不是主要的，主要的靠內在的修持。但是懂藥很難，所以道家修神仙的煉丹，就是這樣來的。

這樣簡單答覆她提出的問題，有時候需要懂藥懂醫，所以菩薩要學五明，要懂醫道，她問的問題很對。用藥的道理，是打通你身體內部的障礙。其實普通佛學告訴你，有七萬到十萬條脈管，是微細的氣脈所走的路，一有障礙，內部就有病了，只不過，人不覺得自己有了病。用藥是一種助緣，幫助減輕你的病痛，打通一點氣脈。

但是，修禪宗同有一些密宗（不是黃教達賴這一派），完全靠心力自己把它轉化了，像白教噶舉派走禪的路線，就是靠自力，但心力要非常堅強！念頭隨時能夠空掉的，氣脈自然可以轉變，這一步工夫是非常非常難！所以講，念咒子，學密宗的這些，都是初步打通氣脈的一種方便法門，只是借用的，一種變相的方法而已。

現在簡單地講到這裡，屬於第一個長養氣。第二個，就更難懂了，進一步就是你問到「息」的問題了，叫作「報身氣」，或者「報氣」、「業報氣」，由梵文翻譯成中文是這樣。長養氣是外層的，內層的叫作報身氣。報是業報，是生命的根本，就是某個時候，男人的精蟲跟女人的卵臟碰在一起，我們這個靈魂被這一股業報氣裹進去，很快，快速得不能形容，哈啦哈啦都來不及，已經攪進去了。像攪牛奶一樣，三緣和合變成一個生命。這個精蟲卵臟靈魂一攪進去以後，七秒鐘，不，還要快，快速變化，七個數字一個變化，七天一個大變化。

胎兒在娘胎裡頭，三十八個七天，九個多月，這個時候沒有呼吸，靠臍帶跟母親的身體連到一起，嘴巴鼻子都不動的。可是，從他的臍帶把母親的營養吸進來，包括這個生命的氣，吸進來充滿，所以嘴裡有很多髒東西。這種叫業報的氣，沒有鼻子呼吸作用，只有這個生命功能，自然使胎兒成長了。

佛經粗淺地告訴你，變成胎兒以後，每七天一個大的變化，哪一條經脈，哪一塊骨頭，哪個細胞，七天一個變化，每個七天的氣，名稱都不同，所以是「萬氣根本」。這還不是詳細講，實際上七秒鐘七分鐘，像我們現在坐在這裡，生命都在變化中，都在安那般那，這個氣就是這樣。這個屬於業報之氣。

有人說請讓大家休息一下，是很累，聽得很緊張。

南師：聖吉用功，問到「息」，我們由長養氣，講到息，大家還記得嗎？「息」的境界真的到達了，全身息是充滿的，不是發脹，身體整個變輕靈，也就無痛無病，這時才懂得那個報身氣，才懂得自己在胎兒時，那個不呼不吸、自然有呼吸作用來往的功能。當然這個時候重點在下部了，下部跟腦連起來。現在只跟你們講到這裡，將來你們工夫到了，再來問。

到這一步時，這裡先要補充一個東西，因為聖吉現在在練習修持這個，對不對？（聖吉：是的。）這個你要注意啊！內部的那個「報氣」要開始打通的時候，會有反氣的。譬如嬰兒吃了奶，要在孩子背上輕輕拍一拍，把他順下去，那個嬰兒打個嗝，就下去了，不然奶還在上面，一定要下去才行。

這等於一個什麼道理呢？像丟一塊石頭到水塘，那個石頭一到底，咚……這個氣就冒上來，有水泡冒上來。所以嬰兒吃奶那個道理，就是這個奶下去了，咕……氣就冒上來，很重要的。

所以我們有時候靜坐，在修的過程當中，有時候會打起嗝來，就是證明你食道到胃這一節，經常是不乾淨、不通的。任何一個人，包括很健康的人，這一節都是不乾淨的。食物和外氣下去以後，引動內氣就反上來，這個作用要認識清楚，這是補充前面一點。

所以，有修持的人，聽到人家出氣，他就知道病在哪裡，有的是胃有病；有的是消化不良；有的是橫膈膜出了問題，胰臟出了問題……，所以每一個打嗝都不同。外氣安那般那沒有調整好，人衰老了，肚子就大起來。尤其你們美國人、歐洲人，我們中國人對你們一個高雅的外號，叫「老外」，你們老外一個一個中年以後，肚子越來越大，下元氣、生命報氣越來越沒有了，腸胃肥腫了，橫隔膜以下，胰臟以下的氣，就是原來的業報氣已經快用完，只剩後天的一點空氣在用，所以肚子就大，腸胃就不對，胰臟也出毛病了。

所以從這一方面講，很多病都是氣的問題。譬如癌症，肝癌、腸癌，一切的癌症，不是另外有個東西，而是他原來的氣結起來，打結了。所以中文有一句很有意思的形容，當聽到一件事情，很刺激自己，文學上常常形容四個字：「為之氣結」，呼吸停掉，氣在那裡打結。這個氣慢慢在肝啊、心啊那裡打結了，慢慢變成瘤啊，變成癌了，於是其他的細胞就死亡，氣不通了。人體的自律神經系統，如果失調，兩隻手發抖，拿不動東西；還有些「中風」，半邊風癱，那都是氣結在那裡走不通。

這種做工夫，都還是初步的，你要是真要專修實證，要證道，是要萬事不管，初步的要兩三年。道家有個數字很準確的，「百日築基」，停止了男女關係，包括遺精、手淫一切都沒有了，要一百天打基礎，跟呼吸配合。然後「十月懷胎」，就是十個月，由息到達認得那個業報之氣了。之後「三年哺乳」，保養，對外界一切都脫離關係，等於胎兒生出來後，還要餵奶三年，把自己的定力工夫修養增大。然後，「九年面壁」，學達摩祖師那樣，九年都在定中。

這樣，就變成超越世間的聖人境界，就叫作神仙。我們算算帳要多少年？十三年就成神仙了。我常笑，大家六歲起讀書，讀了十六年不過大學畢業，然後一個月只賺三千兩千；而只要十二、三年就成個神仙多好！可是大家不幹。不過，不要認為成神仙簡單，一般人要走出第一步，是一萬個人修，有五千對都做不到。

百日築基，當然男女關係改變是第一要點，其它外務，什麼為名為利一切事務都沒有了，這個大家就做不到。所以這些出家的喇嘛也好、和尚也好、道士也好，什麼閉關！哼！我笑他們是三個欺——自欺、欺人、被人家欺，做不到的。

某董：為什麼男女關係那麼重要呢？

南師：很重要！這才是第一步。不過你們都修成功了，都修到了嬰兒出竅，都有好幾個孩子了（眾笑）。

想在家來修的話，那就不是這樣修了，所以那叫作「大乘行」！非常非常難！心念、道德、行為，一切念頭，隨時能夠空。

修密宗，由安那般那修到色相變了，整個身體七彩的光明，化成虹光之身，然後把身體化空，這個密宗叫作即身成就。不是這些喇嘛和尚，只要剃個光頭，就都成就了。等一下晚上記得問我，怎樣化成虹光之身的原理。

前面我先講了長養氣的部分，剛才業報氣還沒有講完，岔過來做了些補充，現在回轉來講業報氣，報身氣，在胎兒時沒有普通呼吸，那個氣比息還嚴重，那個叫報身氣。這個裡頭有個大關鍵，很有意思的。嬰兒一出娘胎，醫生接生的動作要快，用剪刀把臍帶趕快剪斷，拿線一紮；他的手馬上進嬰兒嘴裡，很努力地把所有髒東西挖出來。如果有一點留下，等他開口一哭嚥下去了，中醫叫胎毒。據我的研究，現在西醫認為癌症一類是遺傳來的，另一類是完全因為胎毒沒有挖乾淨，很容易變癌症腫瘤。

最近有個病例，有人告訴我，她甥媳生了雙胞胎，兩個生的時間差很長，一個先出來，後面又出來一個，前面那個來不及挖胎毒，「哇」一開口嚥下去了。那個嬰兒很苦，很難過。花了很多的錢在醫院裡抽，抽了好長時間才抽出來，好像病人臨死以前抽痰一樣，把那個胎毒抽掉。我說抽不乾淨的，結果他們還是繼續抽。這是岔進來一個例子。

你們在醫院裡生的，或者是在自已家庭生的，可能都沒有挖乾淨。這個例子很多很多。很多不負責的醫生，都是馬馬虎虎挖一挖就算了，太可怕了。其實我們這個生命很不乾淨，很痛苦，現在我們好像挖乾淨了，但是天天又吃進去，毒都向裡頭塞。真正修到禪定，最後，氣滿不思食，不吃東西了，裡面真正是淨化了。

聖吉：那怎麼才能挖乾淨這個胎毒呢？

南師：就是用手在嘴裡挖，快速進去，挖乾淨了，整個地拿出來，要快，不能等孩子嚥下去，學過婦產科的知道啊。

胎兒在胎裡就是靠臍帶這裡呼吸，道家叫胎息。臍帶一剪斷，報氣沒有了，開始了後天的安那般那。所以嬰兒一開口啊……叫「安那」，先出氣；啊……的一瞬間，外面的空氣從鼻子進來了，所以先「安那」出氣，後「般那」，外面空氣吸進來了，才開始後天鼻子呼吸，這個叫長養氣，原來那個叫報氣，這樣交代清楚了吧！（有經典說法不同）

聖吉：一出娘胎的時候，開始用長養氣了，那報身氣還留在身上嗎？

南師：對對，正要補充，你問得好啊！很聰明，發獎金給你。你這個問，如果在佛經上就會記錄：善男子，善哉善哉！問得好！問得好！

嬰兒開始後天安那般那時，報身氣還存在有作用，要到什麼時候報身氣才停了呢？差不多七個月到一年，所以嬰兒周歲很重要。你看，嬰兒躺在那裡，鼻子這裡有微微的呼吸，他肚臍眼這裡也在動。真做工夫，修禪定，修到鼻子呼吸停止，肚臍這裡的內部呼吸起來，這個道家叫「胎息」。

這裡頭還有個問題，從報身氣到長養氣變化的同時，嬰兒的第六意識——思想、分別心，慢慢成長了，報身氣就減少。所以思想執著越大，後天的感受、覺受越厲害，直到報身氣完全停止，就交給長養氣了。

有關心物兩方面，思想越多，生命本來的功能損失越多，要禪定才可以修回去。所以一定要修「息」，到達了以後回轉來，念頭完全清淨了，恢復原來報身氣，才慢慢有一點進入禪定的可能了。

長養氣，報身氣，大致講了一下，第三種叫「根本氣」，也叫「種子氣」，就是這個精蟲跟卵子結合的時候，一個男人排出好幾億個精蟲，所以一個生命是許多億的精子競爭賽跑，跑到前面，碰到那個卵，一吸進去，加上那個念頭的動力，好像磁鐵吸住了，這三種結合，叫「三緣和合」，成為這個生命。光是精蟲跟卵子搞在一起，不能成一個生命，就是有生無命，一定要靈魂（中陰身）加入，三緣和合，攪得很快。使靈魂加入的那個動力，就叫根本氣。這個很難懂了，要到最深的禪定，自己才看得清楚。

講到這裡，剛才有人問：這股力量就是佛學五陰裡行陰的作用吧？沒有錯，「行」，這個動力，這是根本氣，這個氣最難懂了，就是入胎的時候這股動力，精蟲、卵子、中陰入胎一攪，由那個動力來的，這是「行陰」。

有個比方，你們在座的都結過婚的，同我一樣，都有過男女關係。你看男女到了最高潮、最快感那一剎那，也是最空靈的，好像後天的呼吸都沒有了，就是那股力量，那就是根本氣了；那一剎那，你就體會到「行陰」的力量了。這麼一彈指，有六十個剎那，一剎那有九百個生滅（按：有經典數字不同），是很快的。所以男女貪圖那個性的高潮快感，其實一剎那都沒有，大家拚命在那裡轉。

再比方，像我們一個念頭、思想還沒有的時候，第一念動，那一念是帶氣的，那個是根本氣了，不是沒有作用的，這很難懂了。換句話說，勉強比方，當你睡覺睡得很熟，醒來第一念知道自己醒了，那一下，那一念是帶這個根本氣的。所以，心物一元在這裡去體會。由此可知，思想情緒越多，氣越亂。

講到這裡，有一個最關鍵的道理要了解，現在只拿人的生命給你說明這三種氣。其實任何一個物質的元素，佛學歸納是五大類：地、水、火、風、空，任何一種元素一動，那個功能也是「氣」的作用。

你（聖吉）打個招牌專門出來，由你們麻省開始研究，我很希望你們西方有人懂得，不過東方也沒有人懂了。

第三講

內容提要

三種意念——心意識
誰是真正的活佛
胎兒的思想與感覺
十個一切入

南師：下午講安那般那，簡單講三大原則：長養氣、報身氣、根本氣。這個發揮起來，同現代自然科學、生物科學、醫學、物理學等等都有關的。這個原則先要懂，至於修持的方法，詳細的還沒有講。

下午講到入胎，男的精蟲，女的卵臟，同中陰靈魂，在佛學的專稱叫「三緣和合」，不能講它是元素，元素是唯物的說辭，因為元素是屬於物理學的範圍，這三個緣不是物理範圍，而是物理與精神的結合，三緣結合就成一個人。

我們以前是講精蟲，現在研究到細胞，到基因，不過還沒有停止研究，基因後面是什麼，還等後面的科學再去追尋了。現在先講到這裡。

這個生命勉強說是心物兩方面的結合，所以中國的文化說，是心物一元，一體的，一體兩面的功能。中國上古，五六千年以前，講的是陰陽兩方面的結合，陰陽是兩個代號；八卦，八八六十四卦，都是代號、邏輯，不是呆定講某一個東西。這是講生命順便講到的。

現在轉過來講，研究生命科學同認知科學，尤其你做修證工夫，必須要知道心物本來就是一元的。這個生命的構成，以東方文化講，現在偏重於佛學這一面講，實際上是個自然科學。所以我經常說，整個的佛學包括禪宗、密宗，是生命科學的一種，必須要認識清楚才好研究。

例如一個胎兒，以人的生命來講，從唯心方面來說，一念無明就入胎。所謂一念無明，是中文的講法，無明是假定的一個符號，一個名辭。無明就是莫名其妙，自己搞不清楚，糊里糊塗那個狀態。一念無明，接著一股力量就轉動了，這股轉動的力量屬於行陰，就是剛才講安那般那時，那個生命的動力，就入胎變成另一個生命了。

對於生命的認識，這個過程太麻煩，太微細了；譬如，我們一個思想，一個念頭，一個感覺，一個反應，都是「識」的作用，其中這個「知性」的作用很大。

要怎麼了解這個知性呢？在課堂上講理論很麻煩，我們拿現實來講就很平實。現在我們一圈人，圍著這個桌子坐，蠟燭在中間，大家都「知道」嘛，都知道這個圓桌、這個環境、這個蠟燭。在知道這一切的最初一刹那，還沒有去分辨它是圓桌、蠟燭、人等等之前，就是那一剎那，什麼還都沒有想哦！這一下一切都知道，這就是知性。這一剎那，沒有加上一個思想，沒有覺得這是誰在講話，都沒有加上分別、分辨；就是這一剎那，那個是「知性」。

這個清楚了吧！但是，這一剎那之間，意識的分辨作用立即生起了，剎那太快了，是個代號。六十個剎那是一彈指間，一剎那意識就有九百六十個變化，轉動很快，是旋轉型的跳動。可是自己不知道。每個變化連鎖起來，就成為我們對一切的認知、辨別。釋迦牟尼在幾千年前講，大概地講，我們晝夜二十四個鐘頭，意識一共有十三億的轉動；每個意念都感應一個身（一個形象）。所以像某人一樣，很累了，打個呵欠，不曉得這個意識已經轉了多少萬下。

所以有些喇嘛、和尚啊，這些修行閉關的，做氣功的，各種各樣，自己認為，啊呀！我得定了，很清淨啊，坐了幾個鐘頭。實際上都在那裡開運動會，不曉得跑了多少轉了！如果以智慧認清楚這個，叫作般若，般若波羅蜜就是智慧的成就。

剛才講氣有三種，佛學把意念大致也分成三種：心、意、識。心是那個知性的本能；意是知性起的意念的作用；然後起了這個認識的作用，認知的、分辨的，叫作第六意識或分別意識。

胎兒在娘胎裡有沒有思想？有沒有意識？胎兒有心（第八識）、有意（第七識）的作用，但沒有第六意識。胎兒到第三四個月以後，第六分別意識起來了。所以胎兒在第五個月的階段，對外界的講話、動作，外界的環境，他一概都知道，都清楚了；不過沒有很好的記憶，一下就過了。現在生理醫學已經知道，胎兒在母胎裡有分別意識。

如果這個胎兒在娘胎裡，由開始到第三四個月還有很好的分別意識，還記住前生怎麼來入胎，或者完全記住在胎裡頭如何如何，這個就是大修行人，不得了，這個才叫活佛轉生。可是看現在有些活佛，都是糊里糊塗的，哪有活佛？真正的活佛是入胎不迷，住胎不迷；尤其最嚴重的是出胎不迷，這三個階段都不迷。所謂不迷，就是生出來對過去的一切，讀的書，一切知識都記得，完全清楚，不過假裝糊塗。

所以，每一個胎兒生下來，變成嬰兒，嬰兒長成孩子，孩子長成大人，他的習慣、思想、動作、個性，一切都是過去生生世世所帶的種性，丟不掉的，是自己業力帶來的，自己則完全糊塗不知道；所以每個人才會思想、習慣不同。要研究胎兒的個性、教育、習氣，問題牽涉很廣。

胎兒在娘胎裡頭，固然很沉悶很痛苦，有時候，健康的胎兒在娘胎裡如夢境一樣，蠻好玩的，算不定也有人翻譯，有人聽課，吃西瓜，什麼都有，有時候開運動會。所以有時候，懷孕的母親覺得孩子在肚子裡動，很不老實，那是他跑到運動場去賽跑，開會，騎馬，玩這一套，他在裡頭是另外一個世界。這個觀念，也很廣泛的，有高山，有流水；或者媽媽吃了一口冰淇淋，在他來講，喲，下雪囉，好冷哦，他的境界就出來了。

胎兒的意識雖是另外一個境界，不過一切都是幻境。所以中國文化，五千年前的教育就是從胎教開始，女性一旦懷孕，一切生活、思想、環境通通要改變，這是胎教。出生後是家庭教育，再到學校教育；學校教育是最後面的，最差等的了。

現在講胎兒在娘胎裡的兩個重要問題：一個是思想，一個是感覺。感覺，佛學的名稱翻譯就是「觸」。這個觸就是思想跟物理接觸，跟五大地水火風空的作用接觸。我們這個思想，在胎裡跟母親的接觸，乃至跟外界的接觸，一切都是觸，有感觸，有受。觸受，一切的感覺就靠物理、心理互相作用，才發生感覺的作用，叫作觸受。

由觸產生受，受又分五類。一種是「苦受」，不舒服，痛苦的；相反的一種是「樂受」，舒服的，快樂的，願意接受的；還有中性的是「不苦不樂受」。等於我們現在坐在這裡，大家飯吃飽了，天氣溫度也剛好，自己在聽講話，身體沒有特殊的感受，就是不苦不樂的受。再加上情緒、心理影響的，或煩惱，或憂愁；喜歡或者是不喜歡；大概這五類，是由觸所發生感覺來的。

胎兒在娘胎裡，沒有外面的光明，他自己裡頭有一種光明；不只有光明，也有黑暗，也有彩色。那麼，這個光明、彩色是怎麼來的？就是剛才我們講的，生命的精神跟物理結合來的。

物理是五大類地水火風空，物理這個物的變化，變成實體的物質，現在科學所謂的元素，什麼氫、氦、碳……等等，已經就是地水火風空等五類大元素，變來變去的結果和現象。

所謂地水火風空，是用人類熟悉的自然界現象，來代表五類不同的物理作用；地代表堅固作用，水代表濕潤作用，火代表溫暖作用，風代表動，空代表無障礙。這個我們提出幾次，不需要解釋了吧？或者彭嘉恆解釋一下。

有一個道理注意啊，心理這個本體是不生不滅，永恆的存在；物理也是不生不滅的，它起的是波浪式作用，也是安那般那生滅法，它起的作用，也是不斷不常，相續的一個一個波動，但是本體也是永恆的，不生不滅的。

這個聽得很痛苦吧，不是很容易懂。這樣吧！我們變一個方式說，有一個原則先認識，是講有十種東西：地、水、火、風、青、黃、赤、白、空、識，翻譯成中國的名稱叫作「十一切入」，十種一切入，有十種功能，在任何東西任何地方，都可以這樣穿入透過的；入也就是進出，進出就是安那般那。地水火風，這是基本的物理；青黃赤白是地水火風的變化；空沒有變化，空在中間；識，是心意識認識認知的這個「知性」。這十種，隨時都穿插來來去去。

現在聽了，有一點認識理解沒有？沒有理解，就變一種方法，不要白講了，也不要硬記，必須理解吸收了才行。

大家休息一下，我再補充，你們休息時會想的。現在我們坐在這裡，這個外面的光色，青黃赤白都進入我們的腦子，穿插全部細胞，尤其腦子，地水火風空都在與我們交流交換的，隨時進入，隨時出去，這叫十種一切入。

某董：青黃赤白同地水火風空，沒有對應的吧？

南師：有對應啊！都是地水火風變化的。

某董：都是它變化的？地變化為青嗎？

南師：不是那麼呆板的。每一種都有五六種變化，同念頭一樣啊！一個念頭一剎那間有九百六十種變化的。

這個理解起來很痛苦的，休息一下吧。

某秘書：老師，這十種一切入，它們彼此之間，也是互相一切入的吧？比如四大性離，雖然性離，但彼此也是交流、互入的吧？

南師：嗯。譬如水乳性離，牛奶跟水各有不同，但是彼此混合在一起。包括細胞、精蟲、任何物質、宇宙裡頭一切，都在十一切入中，都是這樣。這個同腦神經反應、思想的反應，都有關係。尤其修安那般那，要知道「十一切入」。

女居士：上海這個天氣奇怪，濕濕的，可是感覺很上火。廣東人認為這種天氣最毒了，濕毒。

南師：這是水火不濟，受外界水火還有風進來，從這個你要體會十種一切入了，都有密切的關係，最毒的天氣可以毒死人。

第四講

內容提要

什麼是色法

三十種所觸

四種能觸

心念的光　物理的光

色與光不同

南師：我們生命所帶來的，自身的物理部分，同物理世界一樣的，中文翻譯的名辭叫作「色法」；包括物質物理的變化，同一切光色的形象。不必我講了，顯色分十二種。彭嘉恆你就講吧。

彭嘉恆：我普通話不好，要普通話好一點的講吧。

某秘書：「顯色」分十二種，顯色就是明顯的現象，有十二類：青黃赤白，雲霧煙塵，明暗光影。

南師：「塵」，已經變成物質，結成顆粒了，譬如內蒙那裡的沙塵暴。這十二種是明顯的現象，叫作顯色，是歸納性的十二類。「影」就是影子，什麼影子？就是前面那些顯色的反影，要回轉來，這樣理解。有光，有影像。

還有形色呢？

某秘書：「形色」就是形狀，歸納性的有八類：長短方圓，高下正不正；不正就是歪，與正相對。

南師：高下的下最好改成低，高低相對，這樣容易理解。剛才講的是這個形色、形象，構成形象了。

某秘書：下面是「表色」，表現一個動作、一個行為的，歸納起來有八類：行、住、坐、臥、取、捨、屈、伸。

南師：那麼加起來，顯色、形色、表色一共二十八種。現在是簡單地歸納，不分析了。你在靜坐的時候，身體四大的變化，這些現象都會出現。當現象出現時，你都要認知清楚，這並不是外來，也不是習氣，一般人當成特異功能囉！

有時候坐著覺得身體長得好高哦，或者變矮了，都不是的，這是物理的變化，生理四大的變化，必須要認清楚。詳細分析的話，慢一步再說。

所以在修禪定時，那些現象上的變化，一切不要有神祕想法。神祕觀點都是錯誤的認識，那就變成了宗教、神祕學，或特異功能；那都搞錯了，最後毀壞了自己，心性遭遇痛苦。從佛教觀點來說，是有果報的，有壞的報應的。這個四大生理的變化，是偏向於感覺來的，如果認知不清楚的話，就成為錯誤觀點了。

還有些現象，也是四大的生理變化，這是一種觸受的分類，也有三十四類的變化現象。

某秘書：老師剛才說的這三十四類變化現象，其中有三十種，是「所觸」；另外四種，地火水風，是「能觸」。

南師：所觸，就是感覺的狀態；能觸，就是那個使感受發起的功能，好比電力公司發電的那個功能。

某秘書：這三十種所觸，是地火水風四種能觸所發起變化的感覺狀態。地火水風四大，是這三十種感受發生的來源。

這三十種感受是：輕、重、滑、澀、軟、硬、緩、急、冷、暖、渴、悶、力、劣、飢、飽、痛、癢、脹、麻、粗、細、瘦、黏、老、病、死、疲、息、動靜。

南師：輕——有時候打起坐來覺得很輕靈。

重——有時候好像覺得飲食不對啦，或者氣候影響，身體重得不得了，拖不動了，有病了，等等。

滑——皮膚潤滑。

澀——有輕微的障礙，裡面呼吸走不動，也是澀；裡邊呼吸很靈通，也是滑。

軟——有時候身體變軟。

硬——有時候坐在那裡很強硬，不動了，坐在那裡下不了座。

緩——動作很緩慢。我告訴大家我的經驗，那時我還是三十幾歲，忽然發現，拿一張紙，怎麼用力都拿不住，拿起筆來都不會寫字，我說，完了，學了半輩子，人變成這樣了！如果是你們就嚇死了。

急——變得很急性子，像很多人那樣。

冷，暖，渴。

悶——人發悶，思想都動不了了。

力——力氣非常大，我年輕時，有時候感到力大無窮，一拳打出去，可以把泰山打翻。

劣——沒有力量了，與緩有區別，很微妙的。

飢——有時候用功，隨時覺得肚子餓。

飽——好像吃飽了一樣，不想吃了。

痛——身體疼痛。

癢——渾身發癢，有時四肢百骸都在癢。

脹——發脹，氣都充滿了。

痲——比如腿痲，或者哪裡痲。

粗——一下子覺得身體都膨起來，那叫發粗了。

細——一下瘦了，快要死了一樣，你們會嚇死了。

瘦，黏，老，病，死；疲——疲勞。

息——休息了就是息嘛。

動靜。

這些是說明生理感受，觸受，感覺這部分。如果做大的科學研究，做物理試驗，需要很多儀器，要用儀器來表達，跟心念兩個配合，研究用功的過程，顯現出的這些現象。你是正式修行用功，不是像他們那樣搞起來玩的，像賣膏藥一樣，盤個幾分鐘腿，表演一下氣功，也叫作修禪定打坐，其實毫不相干，當然也有一點點作用。

如果正式修行，這些現象都會出現的，理念上先認識清楚。這種現象出現的時候，維持多久，每個人不一定。這個境界有時候力量很大，你不認識清楚，有時候會被這個境界拉走，也就半途而廢了，就是所謂「為山九仞，功虧一簣」，十層樓梯爬了九層半，一下整個垮了；因為認識不清楚，被現象拉走了。這還沒有詳細講，下次再討論。

你（聖吉）剛才一兩個鐘頭裡，很痛苦地把這些聽完了。這個中間你注意哦，他沒有提到光，只提到色；色的變化只有青、黃、赤、白，也沒有提到黑哦，黑屬於深青色。你們如果研究太空，當太空梭快速離開地球到太空去，有些地方是天青色，有些是白色的，很強的。所以天青色是色，不是光；光是能，是色的來源。

譬如念佛，阿彌陀佛是無量壽無量光。光沒有生滅，永恆存在，那是色的來源。這種色，青黃赤白，七彩的色，十彩的色，是光能的現象變化的排列不同，顏色不同，光源是一個。光的壽命無量無窮，所以說心光，心念的光，同地水火風物理的光，是同一功能來的，這個光源是不生不滅的，永恆存在，他這裡沒有提。所以，什麼是阿彌陀佛？翻譯成中文，就是無量的壽命，時間的無量，光明的無量，光壽無量就是阿彌陀佛。南無就是皈依，皈依就是把全身心生命投入進去。皈依什麼呢？把生命投入到哪裡呢？投入到無量的時間無量的光。這個是大科學了。

所以現在只能簡單地給你做結論，我看你們太累，明天聖吉要去上課，下一次有時間再來好好研究，這個要等好好學的時候，再好好講，也要配合工夫一齊講。

所以如何修禪定，達到虹光之身的成就，把這一切都認清楚了，修安那般那，定久了，以禪定身心的變化，把四大整個變化，地水火風四大的功能，以及這個光力、光能都把握到了，一念起，身體就變空，變成無量壽光，化成虹光了。大家都累了，講到這裡為止，好吧。

某問：老師，黑色基本上不是光嗎？

南師：沒有黑，深青就是黑，不是光，是色，一種色。

某問：它背後是光？

南師：不是背面，這個中間就有光。

某問：光是色的來源？

有問：光反射到物體變成各種色？

南師：不是反射到物體，沒有反射到物體，是光本身呈現的現象。至於色，反射物體的變化就大了，各種各樣。阿彌陀佛，前三字阿彌陀是無量的光、無量的時間，佛是覺性，是心性方面的。

聖吉：剛才講到心物一元，心和物都是不生不滅，心物上面那個是什麼？它們的中間是怎麼回事？我不大明白。

南師：是很難懂的。心物兩個本來一體的，心物是一體的兩面。從心性的本體來講，現象是生滅，能起生滅現象作用的是本體，本體是不生不滅。這個本體起來的一體兩面作用中，心性本體不生不滅，現象是生滅；物理的世界地水火風的變化作用、現象，也是生滅，而物理的本能，也同心性的自體一樣，也是不生不滅。在起作用時，心物兩個結合在一起；至於兩個如何紐結在一起，剛才在講入胎時，講到根本氣的時候已經提過，要詳細地研究。我看你們今天精神都不夠了，智力已經差了，力量透不進來，一切都入不進來了。吃了飯以後，腦子裡氣都下來，到胃上變成濁氣，下來幫忙消化，腦子更不清楚了，你們都聽得昏頭又昏腦。下一次吧！這幾個問題，大概你回去研究一下都會理解。如果還不能理解，你傳真給彭嘉恆，我再答覆你。休息休息，輕鬆輕鬆，諸位昏腦菩薩，休息。

聖吉：關於那個「六字訣」的方法，我還不熟悉。

南師：那六個字不要發聲的。你（某老師）可以告訴他，到裡面去告訴他。

有兩位是臨時參加的，初步接觸，先有個常識，慢慢來，孩子是七天一個變化，慢慢長大的。我們放輕鬆一點，吃點水果啊，吃點糖。

有問：十三億個意是怎麼回事？

彭嘉恆：一晝夜的時間中，意的變化有十三億個變化；一剎那，意有九百六十轉，一個意感應一個身。

南師：所以，男女之間的愛情怎麼靠得住呢？一剎那，這個意就有九百六十個轉啊！

南懷瑾文化出版相關著作

2014年出版

南師所講呼吸法門精要
劉雨虹／彙編

孟子與盡心篇
南懷瑾／講述

東拉西扯——說老人，說老師，說老話
劉雨虹／著

雲深不知處：南懷瑾先生辭世週年紀念
劉雨虹／編

禪海蠡測
南懷瑾／著

禪海蠡測語譯
南懷瑾／原著，劉雨虹／語譯

孟子與滕文公、告子
南懷瑾／講述

太極拳與靜坐
南懷瑾／講述

2015年出版

點燈的人：南懷瑾先生紀念集
東方出版社編輯群／編

金粟軒紀年詩
南懷瑾／原著，林曦／注釋

話說中庸
南懷瑾／著

孟子與萬章
南懷瑾／講述

孟子與離婁
南懷瑾／講述

孟子與公孫丑
南懷瑾／講述

南懷瑾與楊管北
劉雨虹／編

禪、風水及其他
劉雨虹／著

如何修證佛法（上下）
南懷瑾／講述

藥師經的濟世觀
南懷瑾／講述

懷師之師：袁公煥仙先生誕辰百卅週年紀念
劉雨虹／編輯

我的故事我的詩
南懷瑾／講述

2018年出版

洞山指月
南懷瑾／講述

百年南師——紀念南懷瑾先生百年誕辰
劉雨虹／編

新舊教育的變與惑
南懷瑾／著

禪與生命的認知初講
南懷瑾／講述

易經繫傳別講（上下）
南懷瑾／講述

道家密宗與東方神祕學
南懷瑾／著

中醫醫理與道家易經
南懷瑾／講述

www.nhjce.com

對日抗戰的點點滴滴
南懷瑾／口述

孟子旁通
南懷瑾／講述

2016年出版

大圓滿禪定休息簡說
南懷瑾／講述

我說參同契（上中下）
南懷瑾／講述

人生的起點和終站
南懷瑾／講述

孔子和他的弟子們
南懷瑾／著述

漫談中國文化：企管、國學、金融
南懷瑾／講述

跟著南師打禪七：一九七二年打七報告
劉雨虹／編

2017年出版

瑜伽師地論 聲聞地講錄（上下）
南懷瑾／講述

靜坐修道與長生不老
南懷瑾／著

圓覺經略說
南懷瑾／講述

答問青壯年參禪者
南懷瑾／講述

說不盡的南懷瑾
查旭東／著

說南道北：說老人 說老師 說老話
劉雨虹／著

2019年出版

花雨滿天維摩說法（上下）
南懷瑾／講述

金剛經說甚麼（上下）
南懷瑾／講述

懷師的四十三封信
劉雨虹／編

2020年出版

禪宗新語
南懷瑾／著

楞嚴大義今釋
南懷瑾／著

懷師的四十八本書
劉雨虹／著

皇極經世書今說——觀物篇補結
閆修篆／輯說

談天說地：說老人、說老師、說老話
劉雨虹／著

2021年出版

照人依舊披肝膽 入世翻愁損羽毛——劉雨虹訪談錄
岱峻／編著

傳統身心性命之學的探討
南懷瑾／講述

一個學佛者的基本信念
南懷瑾／講述

歷史的經驗
南懷瑾／講述

南懷瑾與彼得・聖吉
南懷瑾／講述

南懷瑾與彼得・聖吉
——關於禪、生命和認知的對話

建議售價・220元

講　　述・南懷瑾
出版發行・南懷瑾文化事業有限公司
　　　　　網址：www.nhjce.com
代理經銷・白象文化事業有限公司
　　　　　412台中市大里區科技路1號8樓之2（台中軟體園區）
　　　　　出版專線：（04）2496-5995　　傳真：（04）2496-9901
　　　　　401台中市東區和平街228巷44號（經銷部）
　　　　　購書專線：（04）2220-8589　　傳真：（04）2220-8505
印　　刷・基盛印刷工場
版　　次・2021年10月初版一刷

國家圖書館出版品預行編目資料

南懷瑾與彼得.聖吉：關於禪、生命和認知的對話／南懷瑾講述. -- 初版. --［臺北市］：南懷瑾文化事業有限公司, 2021.10
　面：　公分
ISBN 978-986-06130-4-9（平裝）
1.禪宗 2.佛教修持

226.65　　　110014266